人《ひと》をあるく

早島大祐

足利義満と京都

吉川弘文館

『足利義満と京都』

◆

目次

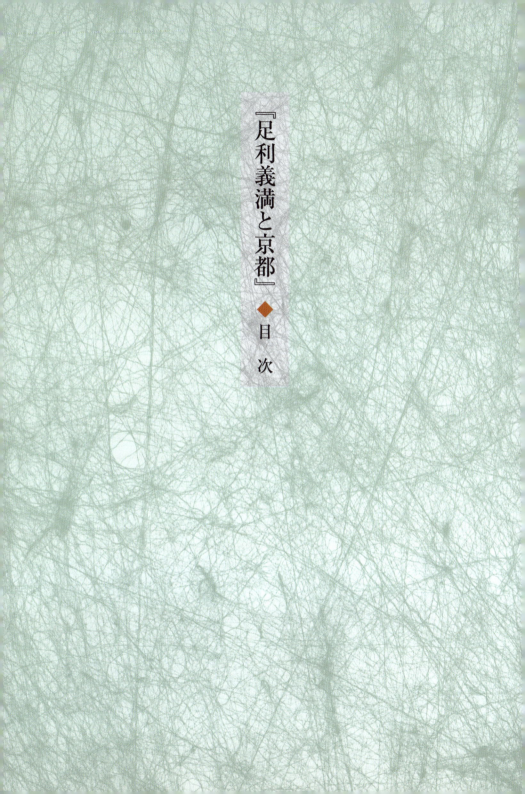

相国寺法堂

相国寺杉戸絵白象図

大塔基壇跡

金閣寺

生源寺

延暦寺

北野社

洛中洛外図の室町第

延暦寺をあやつる将軍

三名の僧侶

少なくとも三名の僧侶にとって、いまから六〇〇年ほど前の応永元年（一三九四）の秋は、生涯でもっとも緊張を強いられた時間だったに相違ない。三名の僧侶の名は、坐禅院《ざぜんいん》直全《ちょくぜん》、円明坊《えんめいぼう》兼慶《けんけい》、杉生《すぎう》坊《ぼう》暹春《せんしゅん》。いずれも延暦寺の大《だい》衆《しゅ》と呼ばれた身分の僧侶であり、比叡山の東の麓、坂本の地に住房を構えていた。

そもそもなぜ彼らはこのような立場に追い込まれていたのだろうか。それはこの年の九月一一日に足利義満《あしかがよしみつ》という人物が日吉社《ひえしゃ》＊へ参詣することが予定され、その準備全般を任されていたからである。

足利義満とは室町幕府三代目の将軍。おそらくは室町時代史のなかでは最も有名な人物の一人である。さらに付け加えれば、この時、義満は権力の最初の絶頂期を迎えていた。

今回の日吉社参詣からさかのぼること三年前の明徳二年（一三九一）、義満は国内一一ヶ国の守護職を一族で独占し、六分一殿《ろくぶいちどの》と呼ばれていた山名一族の勢力を削減することに成功していた。いわゆる明徳《めいとく》の乱＊である。そして翌明徳三年には祖父足利尊氏＊、父足利義詮《よしあきら》と三代にわたる宿願だった南北朝の合一を果たすなど、長き

＊**日吉社**　滋賀県大津市坂本にある神社。全国各地に分祀されその数は三千八百余にのぼる。

＊**明徳の乱**　一三九一年、山名氏清・満幸らが起した反乱。将軍義満は氏清・満幸に命じて時熙・氏幸を討たせたが、一転、時熙・氏幸の罪を許したために、氏清・満幸は反発し開戦した。

＊**足利尊氏**　一三〇五～五八。室町幕府初代将軍。足利貞氏の次男、母は上杉頼重の女清子。

足利義詮　宝筐院所蔵

足利義満　鹿苑寺所蔵

にわたる南北朝動乱に終止符を打つことにも成功していた。つまり、義満が日吉社へ参詣を予定していた応永元年という年は、彼が名実ともに最高の権力者として君臨し、新しい天下を構築しようとしていたまさにその時期だったのである。

この点を念頭におくと、義満の社参が延暦寺にとって一大事だった理由もよくわかるわけだが、南北朝動乱以来の室町幕府と延暦寺との関係を考慮すると、その重要性はさらに浮き彫りになる。というのも、延暦寺側は足利家に大きな負い目があったからである。

時間はさらにさかのぼって、建武元年（一三三四）。鎌倉幕府の倒幕に成功した後醍醐天皇*は、自身が諸政をとりしきるかたちで新たな政治体制を作り始めていた。いわゆる建武の新政である。しかし配下の足利尊氏《たかうじ》の裏切りにあい、後醍醐の新政が短期間で潰えたことは周知の通りであり、足利尊氏の軍勢は一度は天皇を事実上、捕縛する

＊**後醍醐天皇**　一二八八～一三三九。天皇親政をめざし、鎌倉幕府打倒を図ったが、正中の変（一三二四）・元弘の変（一三三一）に失敗、隠岐に流された。のちに脱出後、建武政権の樹立に成功したが、足利尊氏の謀反により二年余で新政府は倒れた。吉野で死去。

後醍醐天皇　清浄光寺所蔵

ことに成功していた。

しかし、後醍醐は逃亡し、大和の山奥の吉野の地で、最期まで徹底抗戦を続け、南北朝の動乱が長期化したこともまたよく知られている。もし後醍醐天皇を捕らえたままだったら、すんなりと動乱は終息していた可能性もあったわけだが、実は後醍醐の逃亡に手をかしたのが延暦寺だった。その意味で延暦寺は南北朝の動乱の影の立役者だったといってよい。幕府にとっても、南北朝の動乱を終わらせるためには、南朝勢力の吸収に加えて、この動乱の黒幕ともいえる北嶺延暦寺との関係にも決着をつけなければならなかったのである。

このような両者の歴史的経緯からも今回の義満社参の重要性は明らかだが、それにもかかわらず、一方の当時者である延暦寺の動きは鈍かった。もちろんその根底に義満に対する根強い反発があったことは間違いないが、それだけでなく延暦寺が中世最大の巨大組織の一つだという物理的側面も大きかった。組織が大きすぎるから伝達にも時間がかかるわけである。

延暦寺の組織

ここであらためて、延暦寺の組織について簡単に触れておこう。

延暦寺の僧侶たちは自身を「三千大衆」と称しており、三〇〇〇名を抱えた中世最

延暦寺より坂本方面をのぞむ

青蓮院

大規模の寺院組織だった。もちろんすべての僧侶たちが比叡山上に居住していたわけではない。彼らとその関係者たちの居住地は広がっており、比叡山の東の麓である坂本にも住坊を構えていた。冒頭に挙げた坐禅院《ざぜんいん》たちも坂本の住人である。

そのほかにも比叡山から見て西の麓に位置する京都には、天皇家や摂関家などの子弟が入寺していた青蓮院《しょうれんいん》*や妙法院《みょうほういん》*、曼殊院《まんしゅいん》*といった門跡《もんせき》寺院があり、その上、山門の息のかかった僧侶たちが、土倉*と呼ばれた金融業を展開するなど、山門に連なる人々が延暦寺の東西の麓に展開していた。巨大組織というだけでなく、拠点も分散しており、彼ら全員に指示を出し、組織全体を動かす際に迅速さを欠くのは、物理的な意味で必然でもあったのである。

全員参加・遅刻厳禁・服装新調　ここで読者のなかには延暦寺の関係者すべてに指示が出された点に違和感を抱くかたもおられるかもしれない。実は六〇〇年前の同時代人たちにとっても、この点は少々、奇異

---

* **青蓮院**　京都市東山区粟田口三条坊町にある寺院。梶井門跡（三千院）・妙法院門跡とともに天台宗三門跡といわれ、もと三条白川にあったが、一二〇五年、慈円が祇園東の十楽院の地に移した。
* **妙法院**　京都市東山区妙法院前側町にある天台宗の門跡寺院。
* **曼殊院**　京都市左京区一乗寺竹ノ内町にある天台宗の門跡寺院。竹内門跡ともいう。
* **土倉**　質物や年貢物など納める土倉によって象徴される室町時代の金融業者。当初は荘園経営を主に行っていたが、室町時代以降、資金運用の金融業も経営の柱となる。

な現象だった。というのも儀礼への全員参加は、当時の常識からは大きく外れたものであり、義満の時代に行われるようになった新しいやり方だったからである。

全員参加のどこが新しかったかをもう少し詳しく説明すると、当時の常識では、儀式というのはそこでするべき仕事があるから出仕・参加するものだった。さらにいえば、仕事があるということは、それに見合う対価、報酬があったわけである。そして儀式や祭祀の役は、おおよそ当時の家格に照応しており、役割に見合った報償があるから参加するもので、ただ働きなどは家格を傷つけることにもつながる、もってのほかの行為だった。そのために、報償の不払いが続くと、名誉の欠席が増えるのだが、義満はこのような常識に反して、全員の参加を求めたのである。

このように義満の嗜好にあわせるために、坐禅院以下三名の僧侶たちは、「三千大衆」の全員参加を徹底する大きな労力を費やさなければならなかったのだが、義満にはそのほかにもこだわりがあり、これもまた難題だった。というのも、彼はあたかも厳格な教師のように、全員参加に加えて、遅刻も認めなかったためである。遅刻がだめだということは現代社会では常識に属しているが、義満の時代以前ではこれもまた正反対であり、遅刻こそが状態化しており、「重役出勤」のように時に特権的にとらえられることもあった。このような当時の常識に反して義満は遅刻に対して厳しい態度で臨んだから、当時の常識にどっぷりとつかっていた延暦寺の僧侶たちに、この点も徹底しなければならなかったのである。難事業である。

日吉社

　このような義満の全員参加・遅刻厳禁の姿勢が、禅宗の影響を受けたものであり、より具体的にはモンゴルで出版された禅僧の規則である「勅修《ちょうしゅう》百丈清規《はじょうしんぎ》」の影響を受けたものであったことは、前著『室町幕府論』でも指摘した通りであり、義満の嗜好の多くは今から約六〇〇年前のグローバリズムを背景としたものであった。しかし問題はこれらの二つだけでない。義満が人々に求めた第三の課題も存在していた。それは、服装の新調である。

　義満が服装にうるさかった事は、本書でもたびたび言及することになるが、その典型が義満に対面する場合は、基本的に服は新品でなければならないという暗黙のルールだった。そのために三千大衆は服を全て新調しなければならず、これもまた最難関の課題だったといえるだろう。さらに詳細は本論で触れるように、義満を迎えるにあたっては、その他にも道路の整備や掃除など果たすべき課題は数多く、三人の僧侶たちは、これら全てを実践するために奮闘しなければならなかったのである。

　三名の僧侶の苦労の淵源はここで述べた通りだが、それにしても、なぜ延暦寺は

日吉社

義満に対して、このように下手に出た対応を取らざるをえなかったのだろうか。そもそも延暦寺といえば、北嶺《ほくれい》と呼ばれ、多くの僧兵をかかえていた中世最大の宗教勢力である。一一世紀に、荘園や知行国《ちぎょうこく》を集め、その資本をもとに法勝寺*、及び八〇メートルを超える八角九重塔を建立するなど権力の頂点を極めた白河法皇*ですら、天下の三不如意《さんふにょい》として延暦寺の僧兵をあげていたほどである。しかし延暦寺側は今回の義満の日吉社社参を「吾が朝希有《けう》の嘉模《かぼ》、衆徒邂逅《かいこう》の重事《ちょうじ》なり」と位置づけて義満を慇懃《いんぎん》にもてなしており、このように、義満は延暦寺を意の如くに扱っていたのである。

　では、白河法皇ですら、意のままにならなかった中世最大の宗教勢力だった延暦寺を、義満はどのように意のごとく操ることができたのだろうか。そして彼はなぜ、これほどまでの権力を獲得するに至ったのか。このことは義満の一生をたどることで解き明かされることになるだろう。

---

* 法勝寺　京都市左京区岡崎、現在の京都市動物園周辺にあった六勝寺随一の寺。白川法皇の発願で十一世紀後半に創建。約八一メートルの高さを誇った同寺の八角九重塔は白河の権力の大きさを端的にあらわす。

* 白河法皇　一〇五三〜一一二九。一〇八五皇太子が病没すると、翌年一一月二六日、皇子善仁親王を皇太子に立て、即日譲位し上皇として院政を開始した。

I

義満の履歴書

足利義満の略歴

延文３年(1358)	誕生．幼名は春王．
貞治７年(1366)	義詮死去にともない，12月征夷大将軍となる．
永和元年(1375)	日野業子と結婚．初めて朝廷に参内．
永和４年(1378)	室町第に移る．３月権大納言，８月右近衛大将に任じられる．
明徳２年(1391)	12月明徳の乱により，山名氏清らを討つ．
明徳３年(1392)	閏10月南朝から神器が京の内裏に移され，南北朝合一がなる．
応永元年(1394)	9月延暦寺を社参．総額7250関門を延暦寺に渡す．
応永２年(1395)	6月出家．
応永15年(1408)	51歳にて没．

一　春王誕生

待望の誕生　延暦寺の僧侶たちさえ跪かせた足利義満とは、一体、どのような人物だったのか。ここで彼の一生を追うことにしよう。

足利義満は、延文三年（一三五八）八月二二日に生まれた。幼名は春王《はるおう》。父は室町幕府二代目の将軍足利義詮でこの時、二九歳。母は石清水八幡宮*通清法印《つうせいほういん》の娘の紀良子《きのよしこ》*である。同年四月三〇日には義詮の父で、義満にとって祖父にあたる足利尊氏が五四歳で死去し、父義詮が征夷大将軍となるあわただしさのなかで生まれた子供だった。

義満には異母兄がいた。観応二年（一三五一）七月二七日に義詮と渋川幸子《しぶかわさちこ》*とのあいだに生まれ、父と同じ千寿王《せんじゅおう》という幼名を与えられた子どもである。しかし彼は文和四年（一三五五）七月二二日に六歳で夭折していた。尊氏や義詮、幸子らの失望がうかがえるが、客観的な事実としていえば、この時点で足利家は後継者不在の危機に見舞われていたことになる。

千寿王の夭折を前に尊氏のとった行動は、彼の性格を探る上で注目に値する。文和四年八月一八日に彼は義詮の延命法《えんめいほう》を行わせたのである。自身の延命祈願ではな

＊石清水八幡宮　京都府綴喜郡川幅町にある神社。九世紀に宇佐八幡宮から勧進される。源氏の氏神として特に室町時代に足利家から厚く庇護される。

＊紀良子　一三三六〜一四一三。足利義詮の側室。石清水八幡宮社務善法寺通清の娘。

＊渋川幸子　一三三二〜九二。室町幕府第二代将軍足利義詮の正室。義満が将軍となってのちも、幕府内に隠然たる影響力を保ち、「大御所渋河殿」と呼ばれて義満の生母良子よりも重んじられた。

く、息子の延命を祈ったのは、少しでも寿命を保って、後継者の誕生を期そうとした尊氏の危機感の表れといえるのではないだろうか。尊氏存命中には間に合わなかったが、上記の経緯も踏まえれば、春王義満の誕生は、足利家にとってまさしく待望だったことがよくわかるだろう。

しかし、のちに三代将軍になるとはいえ、春王の幼少期は恵まれた環境にあったとはいえなかった。理由の一つは、義満の出生が南北朝動乱のさなかだったからであり、室町幕府そのものが安定した政権基盤を確立しておらず、春王自身も生命に危機に直面することが何度もあった。

一例を挙げよう。康安元年（一三六一）九月に幕閣の重臣だった細川清氏《きようじ》*が突然、若狭国へ出奔し、南朝と呼応しながら、同年の年末に京都へ進軍した。側近の反乱に直面した義満の父足利義詮は、なすすべもなく後光厳天皇*とともに近江国へ没落したが、混乱の中、義満は事実上、放置され、いったん、建仁寺《けんにんじ》*大龍庵《だいりゅうあん》にかくまわれ、その後、なんとか播磨国の赤松則祐《あかまつのりすけ》*のもとへ落ち延びる有様だった。春王、四歳の時の出来事である。

その後、義詮は体制を立て直して幕府の基盤も安定に向かうが、貞治三年（一三六四）三月六日、春王は七歳で乗馬始《のりうまはじめ》を行い、翌年六月二七日に伊勢邸から赤松則祐邸へ居を移している。足利家の後継者は、足利家の家宰である伊勢家のもとで養育されるのが慣例だが、この時、先例に反して赤松邸に在所を移したのは、先の都

---

* **細川清氏**　?～一三六二。細川和氏の嫡子。観応擾乱に際し、叔父細川頼春とともに足利尊氏党として活躍し、伊予守となる。

* **後光厳天皇**　一三三八～七四。一三五二～七一在位。

* **建仁寺**　京都市東山区大和大路通四条下ルにある臨済宗建仁寺派大本山。室町時代の最盛時には、塔頭寺院五十余をかぞえ、栄西の法系黄竜派のほか諸派の僧が集まった。

* **赤松則祐**　一三一一～一三七一。播磨国守護職、のち摂津国有馬郡を管轄。観応の擾乱の過程では、一時期南朝側に属すが、足利義詮側に復帰して活躍し、備前国守護職に任ぜられ、幕府の禅律方頭人になる。

落ちの際の対応が、春王義満に印象深かったからに相違ない。後述するが、赤松則祐にものちに義則と名乗る子がおり、義満と同年齢だった。この時に彼ら子供ふたりが親しく接したかについては史料上、明らかではないが、この赤松義則が、のちに義満の忠実な家臣となった事実を踏まえると、幼少時の交流を推測してもあながち間違いではないだろう。

北野社

父義詮の死

貞治五年（一三六六）に春王は義満と名乗りをかえ、足利家の嫡男としての階梯《かいてい》を着実に昇っていた。しかし翌年に事態は急変する。貞治六年一二月七日に父義詮が死去したからである。そのために翌年の四月一五日には、まだ一一歳だったにもかかわらず、義満は急遽、元服の儀*を執り行い、一二月三〇日には征夷大将軍に任じられる。諸事は父義詮の意をうけた細川頼之《よりゆき》*が執事《しつじ》として執り行っていた。

この執事という役職はのちに管領《かんれい》と呼ばれる役職だが、この間、義満の動静がうかがいにくいのも、執事頼之の主導で幕政が進められていたからだと考えられる。義満の動静が見えやすくなるのは、応安五年（一三七二）であり、同年の一一月

＊元服の儀　男児の成人式として行われる。そこで美豆良と呼ばれる少年の髪型を切り改め、大人の服装に変え、それまで頂を露わにしていた（無帽）のをやめ、初めて冠をかぶる。

＊細川頼之　一三二九～一三九二。室町幕府の管領。細川頼春の子。一三五〇年から翌年にかけて父の名代として阿波にあり南朝方と戦う。

後円融天皇　土佐光信筆、雲龍院所蔵

祇園社

二二日に判始《はんはじめ》、評定《ひょうじょう》始、御恩沙汰《ごおんさた》始を行い、彼が幕政を切り盛りする条件が整っていた。この年、義満は一五歳で当時の元服《げんぷく》の通例の年齢である。早い元服にようやく実年齢が追いついてきた。

　永和元年（一三七五）は義満が一八になった年だが、この年は三つの大きな出来事があった。

　一つは足利家当主としての役割を本格的に果たし始めたことである。その象徴が、石清水八幡宮への参詣である。三月二七日、足利義満ははじめて石清水八幡宮に参詣した。もちろん、それ以前にも左女牛若宮《さめうしわかみや》*や北野社*、祇園社*など洛中界隈の神社には参詣をしていたが、足利家の氏神である石清水八幡宮に参詣したことは、足利家当主としての立場を誇示する性格が濃厚だった。

　次が結婚であり、この年に七歳年長の日野業子《ひのなりこ》と結婚していた。これもまた足利家当主としての基盤固めに通じる行為であり、以後、足利家当主の正室は日野家から迎えるようになることは周知

＊**左女牛若宮**　若宮八幡宮社ともいう。現、東山区五条橋東五丁目に鎮座。祭神は仲哀天皇・神功皇后・応神天皇で、一九四九年には陶祖神椎根津彦命が合祀された。

＊**北野社**　京都市上京区馬喰町に鎮座。晩年の義満が参籠を重ねる。

＊**祇園社**　八坂神社ともいう。京都市東山区祇園町北側に鎮座。

の通りである。

三つ目が朝廷デビューである。四月二五日に初めて参内し、ここで後円融《ごえんゆう》天皇*と対面することになる。実は両名は同じ年の生まれであり、このこともあって以後、相互に意識しあうことになるのだが、ここで後円融天皇についても簡単に触れておこう。

後円融天皇

後円融天皇は延文三年（一三五八）に後光厳《ごこうごん》天皇の皇子として生まれた。母は広橋兼綱《かねつな》*の娘藤原仲子《ふじわらのなかこ》*で、のちに崇賢門院《すうけんもんいん》を名乗る女性である。実は後円融と義満には共通点が多く、生年が同じであることに加え、父後光厳が応安四年（一三七一）に三七歳で死去しており、ともに早く父を早く失っていた点も共通していた。後円融天皇は、若くして朝廷社会の行く末を担わされており、この点も義満と通じるところがあったのである。

永和元年（一三七五）に義満が石清水八幡宮に参詣して、足利家の後継者としての立場を示したことは先に触れた通りだが、後円融天皇にもこの時、天皇家当主として果たすべき大きな儀礼が待ち構えていた。この年一〇月に行われる大嘗会《だいじょうえ》*の挙行である。

新嘗祭は五穀豊穣を謝する祭祀だが、天皇代始《だいはじめ》の新嘗祭《にいなめさい》*は、特に大嘗会とよばれ、新しい天皇が務める重要な儀礼だった。幕府も後光厳、後円融両天皇の皇位継承を実質的に後押ししたこともあって、最初の運営会議は幕府の執事細川頼之の邸宅で

---

* **後円融天皇**　一三五八〜一三九三。北朝第五代天皇。室町幕府第三代将軍足利義満に擁立されて即位。譲位後、院政を行った。和歌に長じ、新後拾遺集を勅撰した。

* **広橋兼綱**　一三一五〜一三八一。南北朝期の公卿。

* **藤原仲子**　一三三九〜一四二七。崇賢門院。後円融天皇の母。紀通清の娘。広橋兼綱の養女。後光厳天皇につかえて典侍となる。

* **大嘗会**　天皇が即位したのち、最初に挙行する大規模な新嘗祭のこと。「おおにえのまつり」、また単に大嘗ともいい、即位儀とともに即位儀礼を構成する。

* **新嘗祭**　天皇が新穀を天神地祇に供え、みずからもそれを食する祭儀。

行われた。父後光厳天皇の政治は、南北朝動乱を背景とする資金不足と、最大の宗教勢力であった延暦寺と興福寺の相次ぐ強訴《ごうそ》により停滞していたから、幕府も後援する姿勢を明確に見せていたのである。

しかし、それにもかかわらず結果は思わしくなかった。儀式を挙行するための財源として、朝廷は酒税の一つであり、酒を醸造する炉《ろ》の数に応じて賦課された酒鑪《しゅろ》役《やく》を徴収しようと試みたが、この時期、酒造業者のほとんどが、延暦寺や石清水八幡宮など寺社に所属する神人《じにん》*たちであったこともあって、例えば石清水八幡宮の神人たちが課税に反対する強訴を行うなど、頑強に抵抗したからである。

この状況を目の当たりにした後円融天皇は大嘗会儀式の省略を検討しはじめた。父後光厳天皇の時の大嘗会も儀式を省略して行っていたからである。しかし、廷臣《ていしん》たちの意見は柔軟性を欠いており、後光厳天皇の大嘗会が行われた文和三年は世情擾乱《じょうらん》だったために儀礼を省略したが、今は天下泰平なので省略は許されないと天皇に答申していたのである。

結局、幕府からの助成を得ることで、後円融天皇は体面をなんとか保つことができたのだが、儀礼の運営はさんざんな出来だった。一〇月二八日に大嘗会祭典に先立ち行われた御禊《おんみそぎ》*では行幸《ぎょうこう》途中に日が暮れ、雨が降り出すなど状況も悪かったが、それだけでなく行粧《こうしょう》*の人々は義満が見物の桟敷《さじき》を構えていると知ると、その前で立ち止まり、雨で崩れた衣装をただすなど、儀式に無関係な行動を見せた。明らか

＊神人　神社の下級神職あるいは寄人。「じんにん」ともいう。神主・宮司などの社司（社家）の被官であり、神事および社務においてその補助や雑役にあたった。

＊御禊　天皇の即位後、大嘗会の前月に賀茂川の河原などで行うみそぎの儀式。江戸時代は御所内で行われた。

＊行粧　外出の際のよそおい。旅の装束。また、かざり立てること。

に義満にへつらう行為である。また一一月二三日の大嘗会当日には、昼前の開始だったにもかかわらず、担当奉行の日野資康《すけやす》*を筆頭に遅刻が相次いだ。後円融天皇は儀式は何とか挙行したものの、朝廷社会における求心力のなさを早くも露呈していたのである。このことは、後円融天皇の手腕に見切りをつけさせるとともに、武家の長である義満への期待を高めたと考えられるが、祭祀・儀礼の財源の問題や、遅刻などが相次ぐ朝廷社会の弛緩した雰囲気にどう対処すべきかは、義満にとっても頭の痛い問題だったことは確かである。

二　後円融天皇との接触

右大将義満

永和四年（一三七八）三月一〇日、義満は室町第《むろまちてい》*に移った。この新しい御所の誕生が象徴する通りに、この年は義満にとって大きな意味を持つ一年であり、三月二四日には権大納言《ごんだいなごん》に昇進し、八月二七日に右近衛大将《うこのえたいしょう》に任じられている。源頼朝が右府殿《うふどの》と呼ばれたことからもわかるように、この右近衛大将は武家にとって特別の意味のある官位であり、ここに右大将足利義満が誕生したのである。

---

* **日野資康**　南北朝期の公卿。娘の日野康子は義満の室。

* **室町第**　室町殿・花御所・花営・花亭などとも呼ばれた。室町幕府三代将軍足利義満が北小路・室町小路に造営し、一三八一年に落成した将軍邸と幕府政庁の総称。

というのも一般に知られる征夷大将軍が京の外にあって王権を守護する役割を意味するのに対して、右近衛大将は京の内で王権を護る官職であり、すなわち朝廷と関わる上で重要な肩書きだった。実際、右大将拝任以降、義満が朝廷に出入りする機会は大幅に増加する。右近衛大将という朝廷向きの官位を得たことに加え、大将任官をうけて、天皇にお礼にあがる右大将拝賀の儀礼を執り行う必要があったためである。拝賀は翌康暦元年（一三七九）七月二五日に行われたが、それが公武の諸人を引き連れたものであったために、公武融和の象徴の儀式と見なされ、八代将軍義政《よしまさ》まで、右大将拝賀の式日の嘉例《かれい》として位置付けられることになる。

この拝賀が行われた永和五年には年始の拝賀に加えて、四月二八日には珍宝献上のための参内、六月一八日には天皇の招きで参内の返礼を行うなど、この年以降、天皇との距離は近づくことになるが、同い年の武家の長に対して、親近感からか、後円融天皇の態度も当初は鷹揚《おうよう》だった。特に年始拝賀の時には、義満から献杯を受けてから天皇が盃を下す手順を外れ、後円融は先に

花の御所跡（室町第跡）

自分から盃を下しており、このはしゃぎようには、廷臣たちも眉をひそめるばかりだったという。

いっぽう、義満も右大将になったとはいえ、任官した翌年の康暦元年の閏四月一四日には義満を支えてきた細川頼之が失脚する康暦の政変*が起こるなど、若い義満の足許も不安定だった。拝賀儀式遂行も、康暦の政変後、幕政の実権を掌握した斯《し》波《ば》義将《よしまさ》*主導のもとで進められたわけだが、公武双方の長の今後の見通しは決して開けていたとはいえなかった。天皇も右大将もともに、不安に包まれていたといえるだろう。

朝廷社会の諸問題

義満が右大将となり朝廷社会に接近する過程は、この時期の朝廷社会が直面していた深刻な問題と向き合う過程でもあった。前著『室町幕府論』などでも指摘したように、朝廷政治の根幹をなす祭祀・儀礼は、南北朝動乱の過程で延期と中止を繰り返していた。戦乱に伴う慢性的な財源不足におちいっていたことが原因である。そして資金不足による祭祀・公事の停滞は、戦乱のさなかで家領を実質的に失っていた廷臣たちに、祭祀や儀礼に対する意欲も減退させていたのである。

この点は殿上人《てんじょうびと》以上に、祭祀・儀礼の実際を支えていた下級官人たちにおいて、顕著だった。今回予定されていた右大将拝賀儀礼でも、朝廷側から警護を担当するはずの検非違使《けびいし》*たちの参加が見込みにくい状況にあった。すでに永和四年（一三七八）

---

* **康暦の政変**　一三七九年、室町幕府管領細川頼之が追放されて斯波義将が管領になった政変。

* **斯波義将**　一三五〇～一四一〇。室町幕府の管領。足利義詮・義満・義持の三代の将軍に仕え、幕府の基礎固めに尽力した。

* **検非違使**　平安初期に設置された令外の官のひとつ。初め京都の犯罪・風俗の取り締まりなど警察業務を担当。のち訴訟・裁判をも扱い、強大な権力を持った。

一一月二八日に義満が参内した時には、検非違使の出仕がかなわず、かわりに武士が検非違使役を勤める有様だったから、事態の深刻さがよくわかるだろう。

このように山積する課題に直面した幕府がとったのは、一見すると奇妙なやり方だった。摂関家などに資金援助するという直接的な方法ではなく、それよりはるか下の下級官人たちに巨額の金銭を与えたのである。しかし効果は覿面《てきめん》だった。このばらまきの件はすぐに噂になり、この情報に接した廷臣たちは、自身も余得に預かろうと、出仕の動きを強めたのである。

強制して無理やり出仕させるのではなく、外堀からうめるように事を進める幕府の今回のやり方からは、従来とは異なる独特の老獪《ろうかい》さがうかがえる。では誰がこのやり方を提案したのかといえば、やはり新たに義満を支えることになった斯波義将の存在をあげるべきだろう。義詮の遺命《いめい》をうけ、幼少の義満を支えた細川頼之は、廷臣や僧侶がうごめく京都政界での身の処し方に固さが見られた。だからこそ義詮は頼之に幼な子の後見を頼んだのかもしれないが、いっぽうでその頑固さ故に、頼之は延暦寺などとの摩擦が絶えず、これが一因で政界を追われてしまう。

ただし頼之の失脚は必ずしも悪いことばかりではなかった。その直後の幕府の運営は斯波義将の政治手腕もあって一転、巧妙になったからである。彼は義満の晩年まで彼に意見できた唯一の人物であり、頼之の政界からの退場は、義将という政治巧者を政界に登場させ、若い義満を柔軟、かつ老練に支えることになるのである。

二条良基　個人蔵

義満の嗜好、四つの柱　康暦二年（一三八〇）には確認できるだけで月に一度以上のペースで参《さん》内《だい》が行われ、義満は朝廷社会に急接近したが、この過程は彼に黄金趣味、法会《ほうえ》への没頭、宮廷や大陸文化への関心といった教養・嗜好の多くを涵養させた。この点を同年の行動を中心に見ておこう。

康暦二年正月二九日、後光厳天皇の七回忌法要が行われた。いうまでもなく、後光厳の子である後円融天皇が諸事取り仕切る法要だったが、結願日の七日目、義満はある驚きの行動に出る。儀礼の一環として、散華が行われた際、通常なら、はなびらそのものか絹などの布をはなびら状に裁断したものがまかれるのだが、義満は金と銀でできた花びらをばらまいたのである。ここからは、後に見られる黄金趣味の萌芽がうかがえる。

このような振る舞いが後に後円融天皇との不仲の遠因となるわけだが、この時はまだ義満は宮廷文化の吸収に夢中だった。三月三日には内裏《だいり》にて曲水《きょくすい》の宴《えん》が行われたが、実はこの時は神木《しんぼく》が洛中にあり、本来ならば宴など挙行できないはずだったが、義満がせがんだために行われたという。義満の関心の高さがうかがえる。また六月二日には二条良基《よしもと》*とともに参内し、「羽《は》蟻中将絵《ありちゅうじょうえ》」という小絵を見て爆笑

* **二条良基**　一三二〇〜一三八八。初め後醍醐天皇に仕え、のち北朝の天皇に仕えた。和歌は「菟玖波集」を撰し、式目を制定するなど、連歌の文学的地位を確立した。

している。義満が朝廷の文化を吸収する媒介役として二条良基の存在が注目されているが、良基は義満に堅苦しさだけでなく、シンプルなおもしろさも教えようとしたようだ。

その甲斐あって義満はさらに宮廷文化にのめりこむ。六月九日と一七日には二条殿で花御会《はなおんえ》が開催されている。これは花瓶に生けた花を競わせた遊びであり、華道の源流ともいえる催しである。この遊びは義満の心を強くとらえたようで、六月一九日には早速、室町第にて花御会が行われている。北山第時代には、この儀式は七月七日を式日として盛大に催されることになり、義満の花好みを決定づける出来事だったといえるだろう。なお、この時、楽人豊原信秋《がくじんとよはらののぶあき》から笙《しょう》の泔州《かんしゅう》の曲の伝授を受けており、おそらくはこの時の花御会でも演奏が行われたに相違ない。義満は宮廷文化を驚くほどの好奇心で吸収していったのである。

法会への関心も高まっている。六月二三日には室町第にて五壇法*を行うが、その時、請じられたのが青蓮院の尊道法親王《そんどうほっしんのう》*である。のちに義満と昵懇《じっこん》の仲となる僧侶である。一一月七日には等持寺《とうじじ》を訪れ、等持寺での八講論義の復活を決定しているが、寺僧から論義の復活を懇願され、それに答えた結果がこれなのだろう。朝廷社会から文化や教養を吸収し、要望に応える過程で自身の主体性も見せ始めていた。

大陸文化に関しては、永徳元年（一三八一）一二月二日には義堂周信《ぎどうしゅうしん》*から四書《ししょ》輯釈《しゅうしゃく》*の講義を受けている。これは一三四三年（至正三年）に元で刊行されたもの

＊**五壇法**　密教で行う修法の一つ。道場内に五大明王それぞれの壇を設けて同時に行ずる修法。

＊**尊道法親王**　一三三二〜一四〇三。後伏見天皇の第一一皇子。一三四一年親王となり、出家して青蓮院にはいる。一三四七年以来三度、通算二四年間天台座主をつとめた。

＊**義堂周信**　一三二五〜一三八八。臨済宗の僧。土佐の人。号は空華道人。夢窓疎石に師事。足利義満に招かれて建仁寺・南禅寺などに住した。初期五山文学の代表者の一人。

＊**四書輯釈**　儒教の経書のうち『大学』『中庸』『論語』『孟子』の四つの書物を四書といい、それを編纂・解説したもの。

であり、モンゴルの出版文化の恩恵を義満も受けたわけである。全員参加・遅刻厳禁といった義満独自の姿勢が、やはりモンゴルで出版された禅僧の規則である「勅修百丈清規」の影響を受けたものであったことは、既に述べた通りであり、義満の嗜好の多くは今から約六〇〇年前のグローバリズムを背景としていた。黄金趣味、朝廷文化への関心、法会への興味、大陸文化の希求と、のちの義満の人格を構成する文化的土台はすでにこの時期から形成されていたのである。

蜜月の時代

永徳元年（一三八一）には、後円融天皇との蜜月関係も極点に達している。永徳元年正月の白馬節会《あおうまのせつえ》*の際に義満は参内し、その後、後円融天皇も三月十一日から一六日にかけて室町第に行幸するなど、行き来が頻繁である。この時、蹴鞠や和歌などに加えて、舞楽の「青海波《せいがいは》」も演奏されるなど、両者の蜜月を彩っていた。四月二九日には、二条良基により、室町殿家司《けいし》*が選定され、六月二六日の内大臣兼宣旨《せんじ》を受ける。七月二三日は任大臣節会と大臣大饗で、義満はこれ以後、花押《かおう》を公家様に改めている。

永徳二年の元日節会で義満は初の内弁《ないべん》を勤めている（小川『足利義満』）。内弁とは儀式で諸事を差配する役割である。目的は官位昇進のためであり、内弁勤仕の実績が考慮されて、正月二六日に内大臣から左大臣へと昇進している。

翌永徳三年には内裏で和漢連句*が行われ、義満も参加している。すでに見たように、漢籍の知識も頭につめこんでいたから、和漢連歌に出席する条件は十分に整っ

---

* **白馬節会**　宮廷の年中行事。青馬節会とも記す。正月七日天皇が紫宸殿に出御、群臣に賜宴、左右馬寮の牽く白馬を御覧になる儀式。

* **室町殿家司**　親王・内親王家および摂関・大臣などの権勢家の庶務を掌る職員。「いえつかさ」ともいう。

* **和漢連句**　連歌・俳諧の種類の一つ。連歌の場合は聯句と書くこともある。連歌・連句を和句のみでなく、漢句を交えて作るものをいう。

ていた。義満は和漢連句に没頭したようで、六月三日には室町第で二条良基と和漢連句、六月二九日には義堂周信のいた等持寺、さらに七月四日には建仁寺大龍庵、七月八日には南禅寺上生院《じょうしょういん》で和漢連句と立て続けに行っている。

このように、義満は朝廷社会へなじんでいったわけだが、一方でその過程は仲の良かった後円融天皇と摩擦を生じさせ、疎遠になる過程でもあった。この点については後に触れることになるだろう。

三　参詣と軍事―足利義満の自立

参詣の回数

ここまで主に見たのは、義満と天皇・朝廷の関わりであり、洛中の内側でのはなしである。しかし義満は、なにも京のなかばかりに閉じこもっていたわけではない。むしろ歴代の足利家当主からすれば、例外的といってよいほど、洛中の内外を出歩いた人物だった。

では彼はどのような場合に外に出たのだろうか。その多くは、参詣というかたちをとっていた。

記録に確認できる限りで、主要な寺社を見ても、北野社に三四度、石清水八幡宮

春日社

に二四回、伊勢神宮一一回、春日社・興福寺・東大寺を含む南都と、日吉社・延暦寺の北嶺にはそれぞれ九回づつと、参詣を繰り返している。

もっとも多く参籠した北野社は、後述するように休養所としての役割も果たしていたとみられるから、ここではいったん除外し、二番目に多く参った石清水八幡宮から見ておこう。

一八の時に行われた八幡宮参詣が、家長としての自立の宣言だったことは先に述べた通りだが、その後も義満は折りに触れ、足利家の氏神である同宮に参詣しており、頻度の高さは当然といえる。

三番目に多く詣でたのは伊勢神宮である。その数は明徳四年（一三九三）を嚆矢《こうし》として一一回。さらに伊勢神宮の別宮である丹後久世戸《くせのと》*へも四回赴いており（天橋立《あまのはしだて》*にはそのほか二回）、信仰の厚さがうかがえる（松岡「室町将軍と傾城高橋殿」）。

四番目が南都の春日社*であり、至徳二年（一三八五）を皮切りに九回。そのほか詳細は本論でも触れるが、厳島神社*、敦賀気比《つるがけひ》神社*、三井寺《みついでら》*（園城寺《おんじょうじ》）と参詣に及んだ寺社は多く、このような状況から見ると、義満が神仏を敬う人であったことは、間違いない事実である。

---

* **丹後久世戸**　天橋山知恩寺、切戸の文殊、もしくは九世戸の文殊で知られる。

* **天橋立**　京都府宮津市、宮津湾西岸の江尻から対岸の文珠に向かって突き出る砂嘴。日本三景の一つ。白砂青松の美しさで知られる。

* **春日社**　奈良市春日野町に鎮座。もと官幣大社（勅祭社）。祭神は武甕槌命（常陸鹿島神）・経津主命（下総香取神）および天児屋根命（河内枚岡神）・比売神（同）の四座。

* **厳島神社**　広島県の厳島にある神社。主な祭神は市杵島姫命・田心姫命・湍津姫命。国宝の平家納経など多数の文化財を所蔵。

もっとも、神仏への崇拝といっても、権力者のそれだから、純粋に信仰的側面だけから考えるだけでは不十分である。例えば、春日社への参詣が開始されたのは至徳二年（一三八五）と少し早い。なぜ多くの諸神のなかで春日社が早かったのかといえば、この時期は南北朝動乱のさなかであり、大和国が南朝方との攻防の最前線だったからであり、南都への参詣は、南朝方への牽制の意味も多分に含んだものだったと考えられる。

伊勢神宮

この時の春日社参詣も含んだ義満の寺社参詣を名目とした諸国遊覧が、軍事的な示威行動としての意味を有していたことを指摘したのは、佐藤進一氏だった（佐藤「室町幕府論」）。その指摘は確かに卓見だったが、分析の鋭さ故か、今度は逆に以後の研究で義満の諸国遊覧が軍事的示威行動に一元化して理解され、諸国遊覧が、なぜ寺社参詣というかたちで行われたかということについては、関心が持たれなくなっている。

研究の現状がこの通りだとするならば、義満の遊覧が、寺社参詣という体裁をとった宗教的な意味についてあらためて考察しなければならない。折しも

＊敦賀気比神社　現］三島町気比宮　長村に鎮座。主祭神は伊奢沙別命・仲哀天皇・神功皇后・日本武尊・応神天皇・玉妃命・武内宿禰命。

＊三井寺　大津市園城寺町にある天台寺門宗の総本山。山門に対し寺門と呼ぶ。

応安元年(1368)
永和元年(1375)
康暦元年(1379)
永徳元年(1381)
至徳元年(1384)
嘉慶元年(1387)
康応元年(1389)
明徳元年(1390)
応永元年(1394)

南都(春日社・興福寺・東大寺)

至徳2　8月28日～9月1日
明徳2　9月15日～20日
若宮祭
明徳5　3月12日～　常楽会
応永2　4月17日～21日
9月14日～20日
応永4　10月2日～4日
応永6　3月9日～14日
興福寺供養出席
応永12　3月22日～26日
応永14　2月18日

その他

嘉慶2　春　紀伊国(熊野か)
9月16日　富士見物
康応元　9月16日　高野山
3月11日　安芸厳島
明徳元　9月15日　越前気比宮

北嶺(日吉社・延暦寺)

応永元　9月11日～14日
日吉社
応永3　9月17日～22日
延暦寺大講堂
応永6　5月5日　小5月祭
応永8　2月14日～16日
日吉社参詣
5月5日　小5月祭
5月13日～19日
日吉社参詣
応永13　5月5日　小5月祭

北野社

応安3　4月9日
応安4　2月13日
康暦2　6月25日
永徳3　8月25日
明徳2　2月11日
明徳4　8月16日～
応永元　正月18日～
応永3　5月7日～
応永5　2月9日、8月22日
12月8日
応永6　8月28日
応永7　5月7日、8月6日
応永8　2月9日
応永9　2月9日、12月8日
5月6日
応永10　2月9日、11月25日
12月8日
応永11　11月25日
応永12　8月22日、10月10日
12月8日
応永13　2月9日、3月16日
8月23日、12月8日
応永14　2月9日、8月9日
12月8日
応永15　2月9日

義満参詣一覧

	石清水八幡宮	伊勢神宮	久世戸（知恩寺）
応安元年(1368)			
永和元年(1375)	永和元　3月27日		
康暦元年(1379)			
永徳元年(1381)			
至徳元年(1384)			
	至徳3　8月28日		至徳3　10月21日 天橋立
嘉慶元年(1387)			
康応元年(1389)	明徳元　3月29日		
明徳元年(1390)	明徳2　3月28日条		
	明徳3　12月18日　仁王経会		
	明徳4　2月22日、8月15日　放生会 12月3日　仁王経会	明徳4　9月18日～	明徳4　5月18日
応永元年(1394)	応永元　2月28日 12月2日　仁王経会		
	応永2　2月16日、8月21日 12月　仁王経会（おそらく2日）	応永2　2月25日～30日	応永2　5月9日 若狭・丹後天橋立 9月19日
	応永5　8月15日		
		応永6　3月16日～20日	
	応永7　9月23日	応永7　10月23日～27日	
	応永8　2月22日		
	応永9　2月29日	応永9　3月14日～18日 10月20日～	
	応永10　2月22日 閏10月17日　法華懺法	応永10　10月20日～25日	
	応永11　2月22日		
		応永12　10月20日～25日	応永12　4月14日
	応永13　2月15日、3月16日	応永13　10月19日～25日	
	応永14　2月28日	応永14　4月9日～13日	応永14　5月11日～21日
	応永15　4月4日	応永15　4月10日	

三井寺

敦賀気比神社

近年の研究でも義満が宗教的行事や儀式に多大な関心を有していたことに注目が集まっており、諸国遊覧も含めた義満の寺社参詣全般について考察を加える必要がある。義満の宗教観、さらにはこれらの寺院が僧兵を抱える一大軍事集団でもあったことを踏まえると、対寺社政策という視点からも、義満の寺社参詣の意味を問い直す必要があるだろう。すなわち、軍事的威嚇行為と遊覧の本来の意味である天下を見る行為、そして敬神《けいしん》の行動。これら三つの視点から、この時期の義満の動向を読み解く必要があるわけである。

時期的傾向　以上のようにまとめた上で、義満の参詣をまとめた前頁の表を見よう。ひとまず形式的に一三八〇年代、一三九〇年代、一四〇〇年代の三つに区切って時期的傾向を概観することにする。

一三八〇年代は、義満がもっとも遠方に足を伸ばした時期である。表にも掲載した至徳二年（一三八五）八月二八日の南都春日社参詣を皮切りに、至徳三年一〇月一九日に天橋立、嘉慶二年（一三八八）には紀伊国（おそらく熊野三山。後述）、翌年康応元年（一三八九）三月四日から安芸厳島《いつくしま》へ向かっている。一月をかけての行程である。同年九月には高野山、明徳元年には越前国気比宮である。すでに明らかにされているように、南北朝動乱の最前線でもあった南都への参詣は、あきらかに軍事的意図を含んだものであったし、以上にあげた諸国への参詣も同様の意図で行われた。

その背景には、幼少期の義満を支えていた宿老たちの相次ぐ死があった。朝廷関係では二条良基が嘉慶二年（一三八八）六月一三日に死去、禅僧では春屋妙葩《しゅんおくみょうは》*が嘉慶二年八月一二日に七八歳、義堂周信は嘉慶三年四月四日に六四歳で相次いで亡くなっている。宿老たちの死をうけて義満は天下を見にいったのである。

春屋妙葩

一三九〇年代は、遠方への参詣が減少するいっぽう、南都北嶺といった権門《けんもん》寺社への参詣が増加する。伊勢神宮への参詣もその文脈で見た方がよいかもしれない。

一四〇〇年以降には遠方への参詣は頻度をさらに減少させ、かわりに

＊春屋妙葩　一三一一～一三八八。臨済宗の僧。甲斐の人。伯父の夢窓疎石に参禅。天竜寺・南禅寺などの住持を経て、初代僧録司となった。足利義満の政治的顧問の立場にあり、相国寺建立に協力。また、五山版の刊行に努めた。

北野社への参籠が顕著になる。この時期になると遠方へいかず、近場ですます傾向が顕著になるのである。

以上、一〇年ごとに義満の参詣についてみてきたが、形式的分類ながら、想定以上にその特質があぶりだせたと思う。このように見ると、佐藤進一氏が指摘した軍事と参詣の関係が、一三八〇年代に限定された現象であることがまずはよくわかる。南北朝動乱のさなかで、軍事の意識が最も高かった時期でもあるから、参詣に軍事的意味あいが濃厚だったのも当然である。とすると分析を加える必要があるのは、有事から平時へと転換する九〇年代以降であり、その意味を時々の状況を踏まえて考察する必要がある。以下ではこの観点から義満の参詣について再考することにしよう。

四 熊野速玉社

紀伊行きの目的　明徳元年（一三九〇）に敦賀気比神社を中心とする旅程を終えた義満は、相次いで神社の振興を行った。その一つが熊野速玉社《くまのはやたましゃ》*の遷宮である。嘉慶二年（一三八八）春に義満は紀伊国を訪れたが、その具体的な場所はこれまで

* 熊野速玉神社　和歌山県新宮市新宮に鎮座。旧官幣大社。主祭神は熊野速玉大神。

明らかではなかった。しかし、それから二年後の明徳元年に、彼が主導するかたちで熊野速玉神社に神宝を寄進した事実を踏まえると、紀伊国の訪問先は熊野周辺だったと見るのが妥当だろう。熊野の現状を視察し、それをうけて神宝の寄進が行われたと考えられるからである。

熊野速玉神社

　では義満は熊野で何を見たのだろうか。実は熊野速玉社の建物自体が、この時に存在していたのかもあやしい状態だったようであり、その廃虚を見た可能性が高い。というのも熊野速玉社は徳治二年（一三〇七）に社殿が炎上し、その後に仮宮が造営されたものの、一〇〇年近く、実質上、放置されたままだったからである。後述するが、至徳二（一三八五）年の南都社参の時に目の当たりにした興福寺も、鎌倉末期に寺院の多くが焼失しており、熊野速玉社と同じく廃墟同然で、義満が諸国遊覧で目にしたのは、荒れ果てた世界だった。荒廃した寺社をいかに立て直すかが、義満の政治課題として浮上していたのである。

　この問題についてはのちに触れるとして、まずはなぜ義満は熊野速玉社まで足を伸ばしたのかということから考えておこう。一つは軍事上の問題であり、具体的には南朝対策であることはいうまでもない。南朝の拠点である吉野の裏側から南朝の情勢がいかなるものかを把握する必要があったのである。

そしてもう一つが、信仰の問題である。この頃から熊野社と伊勢神宮が同体であるとする主張が登場しており（松岡「室町将軍と傾城高橋殿」）、義満の伊勢信仰の文脈で考える必要がある。後述するように、伊勢神宮への参拝は、義満の念願であり、今回の熊野への訪問も義満の信仰と密接に関わっていたのである。その意味でこの熊野訪問は、佐藤進一氏がいう通り、軍事と参詣が一体となったものだったわけだが、これに加えて、義満の伊勢信仰の問題についても念頭に置かなければならないだろう。

遷宮の財源

次に、今回の遷宮《せんぐう》の概要を記しておこう。明徳元年一一月には熊野速玉神社の遷宮が行われたことは先に触れた通りだが、それにあわせて一〇〇〇点以上もの神宝が奉納された。具体的には結宮には後小松天皇＊、速玉宮には後円融上皇、証誠殿《しょうじょうでん》には義満、そしてほかの一〇社には守護たちが奉納というかたちである。その工芸技術はきわめて高く、これらの神宝が京都で制作された可能性が高いことが指摘されている。

ではその財源はどのように調達されたのだろうか。至徳元年（一三八四）九月に

＊ 後小松天皇　一三七七〜一四三三。北朝第六代の天皇。後円融天皇の譲を受けて位につき、一三九二年閏一〇月、南北両朝の合一により南朝後亀山天皇から神器を受け、後小松天皇の一統に帰した。

同社所蔵の桐唐草蒔絵手箱

熊野速玉大所所蔵の挿し頭華

熊野速玉社神官から出された訴状には、「禁裏《きんり》・仙洞《せんとう》并室町殿」が結宮以下の三所、若殿以下一〇社は諸国守護に命令して調進してほしいとの旨が記されている（安永「熊野速玉大社の古神宝関連資料に見る神仏習合」）。

これはあくまで熊野速玉社からの要望を記したものに過ぎないが、三所の神宝調進が、実際に後小松天皇、後円融上皇、義満と名義をわけて行われたことを踏まえると、速玉社の要望通りに、院、天皇、義満、諸国守護がそれぞれ資金を用意したと考えられる。さらにいえば、この時すでに幕府に依存していた院や天皇の分は義満が負担したであろうし、義満の負担は守護たちに転嫁されたと推測される。一〇社以下の神宝を調進した守護が具体的に誰であったかは不明だが、守護が負担するかたちは、この時期の幕府財政のあり方からしても適合的である。前著『室町幕府論』でも指摘したように、日明貿易が軌道に乗るまで、室町幕府の財政は守護たちによる役負担の比重が極めて高く、寺社再興を契機として、財政的に守護の負担がさらに大きく期待されはじめた様子をここに見ることができる。

従順な守護の創出

しかし当然ながら、これらの負担が守護たちにとって過大であり、彼らに不満が蓄積していたのも確かである。明徳元年に厳島参詣から帰った義満は、美濃の土岐《とき》康行《やすゆき》*の攻略に成功した。嘉慶元年（一三八七）美濃・尾張・伊勢三カ国の守護だった土岐《とき》頼康《よりやす》*の死去を受けて、康行は家督を継承したが、翌年には尾張守護が弟の土岐島田満貞《みつさだ》*に改替された。この弟は名前からわかる通り、義満から一字をもらいうけており、すなわち寵臣《ちょうしん》だった。これに反発した康行が反乱を起こしたのである。

この一件は、守護勢力の削減という文脈でとらえられてきており、基本的にはその通りだが、以上で見た幕府の財政構造も踏まえると、寵臣の守護登用はいっぽうで、自身に従順な人物を守護に任命することで、義満が課す負担に円滑にこたえる体制を作ろうとしたと見ることもできる。この時期の幕府の財政が、守護からの拠出に頼る主従制的原理に基づくものであった以上、相次ぐ寺社再建や相国寺《しょうこくじ》などの造営事業を支えるためには、守護は将軍の要請に忠実でなければならない。その意味でも、上意に従わない守護たちを征伐し、従順な守護にかえることは、財政的な要請でもあったのである。従順な守護の代表が義満と幼馴染みでもあった赤松義則であるが、彼の献身的な活躍については本書で追々触れることになるだろう。

---

* **土岐康行**　?～一四〇四。一三八七年、頼康のあとを継ぎ美濃、尾張、伊勢三カ国の守護となった。土岐満貞との間で尾張で黒田合戦をおこし、一三九〇年（元中七・明徳一）謀反人として征討されたるも、明徳の乱で戦功をあげ伊勢守護に復帰。

* **土岐頼康**　一三一八～一三八七。頼清の長男。一三四二年（興国三・康永一）おじの頼遠が誅されると即日その跡を継承。有力な尊氏・義詮党として活躍。

* **土岐満貞**　?～?。土岐頼雄の子。頼康の死後、尾張（愛知県）守護となる。一三九〇これを不満とした尾張守護代の従兄弟土岐詮直、美濃、伊勢守護の兄康行とたたかい、足利義満の援助をうけてやぶる。翌年の明徳の乱で卑怯な行動があったとして守護を解任された。

五　伊勢神宮と興福寺

伊勢神宮の復興　義満が熊野遷宮事業を主導した宗教的な背景に、熊野社と伊勢神宮を同じと見なす熊野・伊勢同体説という信仰の問題が存在していたことは先に触れた通りだが、熊野社再興の過程では伊勢への参詣も当然、義満の視野に入ったと想定できる。事実、越前気比社参詣、熊野速玉社遷宮と相次いで神社振興を行った義満は、多忙ななかで明徳元年、伊勢神宮に吉田兼敦《よしだかねあつ》＊を代参させており、その時に出された文書は次のようなものだったとされている（恵「足利義満と神宮」）。

【史料1】「神宮文庫所蔵文書」、「資定卿記《すけさだ》」（高松宮家伝来禁裏本）

明徳元年十二月二十五日付　義満願文《がんもん》＊写《うつし》

　立申　皇太神宮所願事

一、四度官幣　不レ可レ有二懈怠一事

一、造役夫工　厳密可レ加二下知一事

一、明年中可レ遂二参宮一事

右、為二天下太（ママ）平一以二代官兼敦一啓白如レ件、

明徳元年十二月二十五日　准三后源朝臣義（満）—

＊ 吉田兼敦　一三六八－一四〇八。南北朝・室町時代の神道家。吉田兼熙の子。京都吉田神社の祠官。侍従、神祇大、弾正大弼、治部卿などを歴任した。

＊ 願文　神仏に捧げて祈願の意を述べる文書。祈願文・願書、願ぶみ（『源氏物語』若菜上）などともいう。

豊受太神宮同前ニ候、（後略）

ここに記されている内容は、次の二点である。

①伊勢神宮の祭祀を全うし、寺の財源を整備すること

②来年明徳二年に参宮を遂げること

この願文が捧げられたのが年末だから、要は、新年にむけての抱負として伊勢神宮を崇敬することが天下泰平そのものだと誓われているのである。願文の性格上、文面がこのような神事興業や所領安堵《しょりょうあんど》になるのは当然といえば当然だが、それでも義満のなかで天下泰平が伊勢神宮をはじめとする寺社の再興と一体のものととらえられていた点は注意してよいだろう。義満にとって参詣は天下泰平の実現そのものだった。

そして先に見た熊野速玉神社への神宝寄進が、神社側からの要請とはいえ、後円融天皇をたてて行われた点も重要であり、朝廷の秩序を維持した国のかたちというものが、これらの事例から透けてみえる。畿内の南部ではいまだ南朝側の勢力がうごめいていたから、北朝ここにありということを示す必要ももちろんあったが、この時点で義満が目指す天下のかたちに、天皇家も組み込まれていたことをここであらためて確認しておきたい。

「南都御再興」　寺社再建に関わる同様の文書は翌年にも出されている。

【史料2】『猪熊文書』（「大乗院文書」一〇号）

「（端裏書）御書写　明徳二年十一月廿五日　于レ時寺務大乗院孝尋」
南都御再興之事、先度令レ申候畢、学侶并官符衆徒不レ乱二旧儀一、互守二先規一、不レ可レ有二新儀之沙汰一旨、重而可レ被二相触一候也、恐々謹言、
十一月廿五日　御判
大乗院大僧正御房

この文書は、先に命じた南都の再興の実行を迫るもので、ここにいう「先度」とは明徳二年（一三九一）九月十五日から二十日までの期間に、義満が春日若宮祭に参詣したことを指す。若宮祭は通称、おん祭りと呼ばれる興福寺大衆の祭りであり、彼らが大和国内に持つ所領の保全を祈願してはじめられたとされる祭礼である。祭礼では流鏑馬《やぶさめ》*も催され、馬は大和国内の武士から奉納されたという。

義満はその由緒ある祭礼を見物したのだが、先述の通りこの時、興福寺も壊滅状態にあった。嘉暦二年（一三二七）に大乗院*門跡をめぐる相論《そうろん》から、興福寺の金堂《こんどう》、講堂、鐘楼《しょうろう》、経蔵《きょうぞう》、廻廊、中門、南大門、西金堂などが消失し、その後、五重塔、東金堂も落雷で消失していたからである。再建費用の調達など、この時、頼りにすべき中央政界もこの間に鎌倉幕府の倒壊、建武の新政、南北朝動乱と事実上、機能しない状態にあったから、南都の荒廃は長く放置されたままであった。興福寺大衆による相次ぐ強訴とはうらはらに、南都興福寺の実情はこのようなものであり、義満は、春日社の若宮祭を見物することで、六〇年あまり放置されてきた興福寺の現

* **流鏑馬**　騎射の一種で、馬場に並行して方板の的を数間おきに三個並べ、射手が馬場を馳せながらこれを射る。

* **大乗院**　奈良興福寺の門跡寺院。奈良公園荒池の南方、鬼園山の南にあった。

状を目撃することになったのである（安田「大和国の支配」、稲葉「南北朝時代の興福寺と国家」）。

ただし六年前の至徳二年（一三八五）にも義満は南都へ下向しており、南都の荒廃したあり様はまのあたりにしていたはずだが、この時にはまだこのような再興を意識した発言は記録にのこされてはいない。とすれば、その後、嘉慶二年（一三八八）春に熊野などの紀伊国を訪れた時に寺社荒廃の現状を見て、寺社の再興という意識が義満のなかで醸成されてきたのではないだろうか。詳細は次に述べるが、その後、明徳の乱、南北朝合一、日吉社参詣という動乱の終熄に向けた動きが一段落ついたのち、応永六年に興福寺の主要な建物が再建されることになる。

さておき、このように諸国寺社への参詣を通じて、義満のなかで寺社の再興が天下の再興と同じであるという意識が形成されてきたと考えられるわけだが、それにむけて一歩を踏み出した義満はもう一つ別の大きな難題に直面する。それは義満が天下泰平を進めると同時に、勢力を拡大させてきた守護たちの存在である。その代表といえるのが山名一族であり、相次いで軍功を重ねた彼らは一族で一一カ国の守護を兼任するに至っていた。南朝勢力が実質的な勢いを失う中、新たな脅威として、山名家をはじめとする守護の存在が浮上していたのである。肥大化するいっぽうだった守護の勢力をいかに削減するか。このことが義満の次の課題となる。彼らへの対応も含めて、荒廃した天下を目のあたりにした義満がいかにその再興を行うかについては、以下、章をかえて詳しく論じることにしよう。

人物相関図

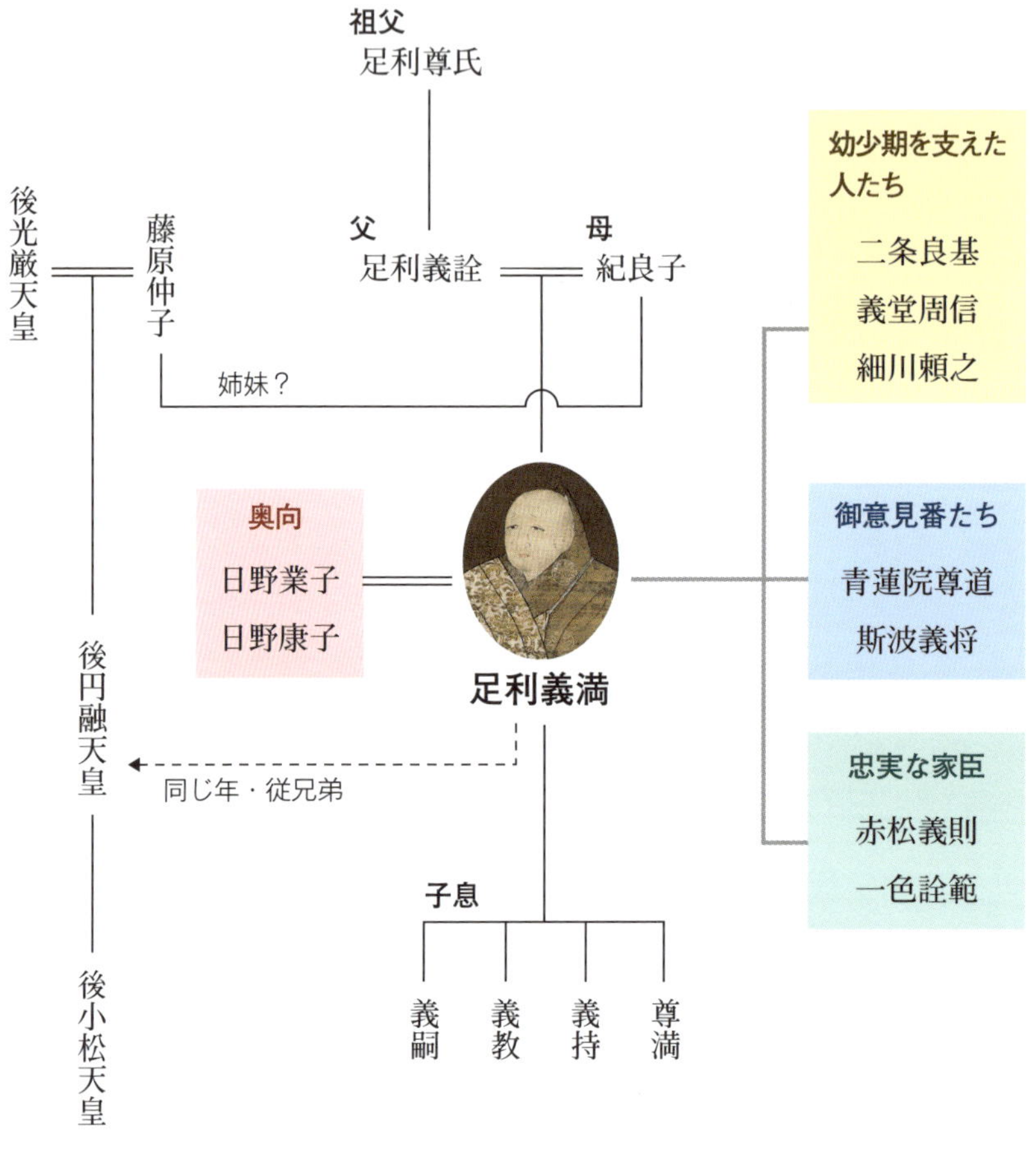

祖父
足利尊氏
父
足利義詮
母
紀良子
後光厳天皇
藤原仲子
姉妹？
幼少期を支えた人たち
二条良基
義堂周信
細川頼之
奥向
日野業子
日野康子
足利義満
御意見番たち
青蓮院尊道
斯波義将
忠実な家臣
赤松義則
一色詮範
後円融天皇
同じ年・従兄弟
子息
義嗣
義教
義持
尊満
後小松天皇

II

義満の天下統一

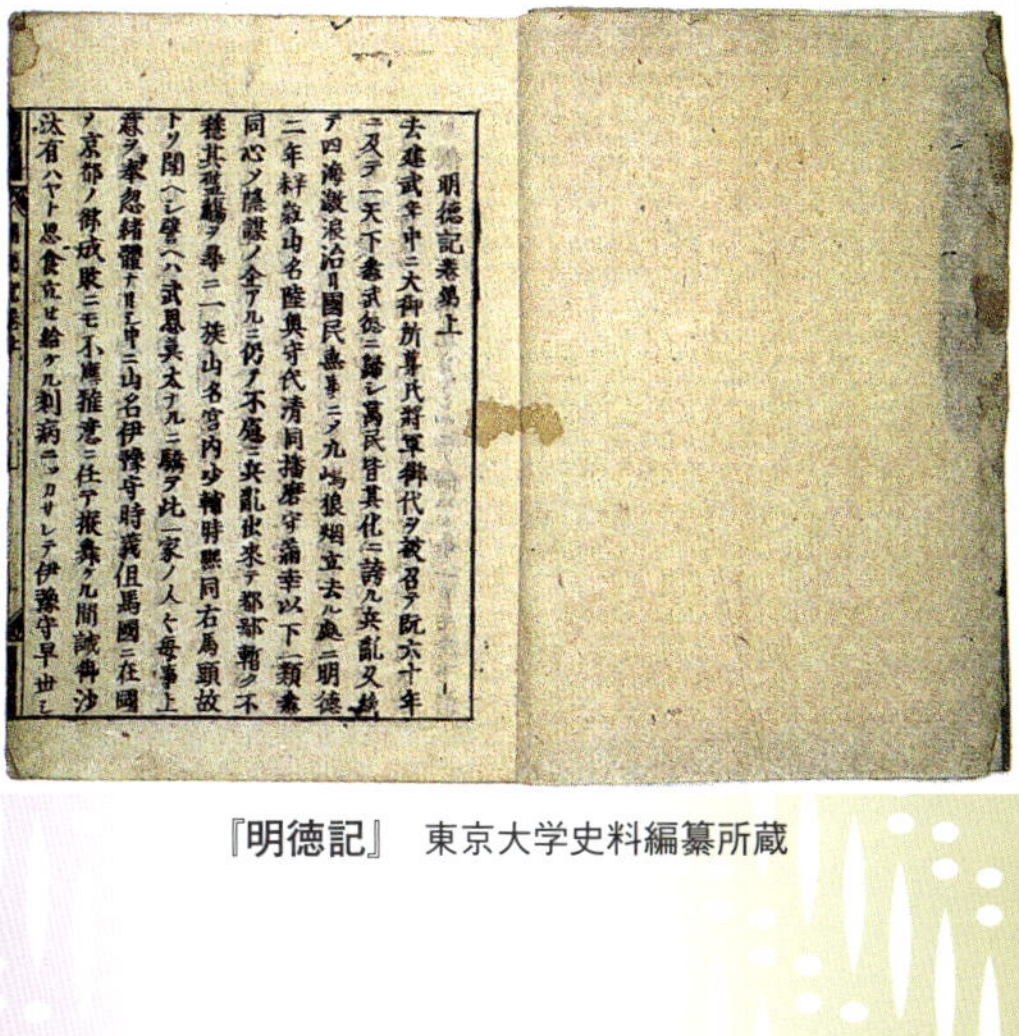

明徳記巻第上
去建武年中ニ大御所尊氏将軍御代ヲ被召テ既六十年
ニ及テ一天下悉武徳ニ歸シ萬民皆其化ニ誇ル兵亂又鎮
テ四海激浪治リ國民無事ニシテ九州狼烟立去ル處ニ明徳
二年辛未山名陸奥守氏清同播磨守滿幸以下一類悉
同心ノ陰謀ノ企アルニ依テ不慮ニ兵亂出來テ都鄙靜ク不
穏其張本ヲ尋ニ一族山名宮内少輔時熙同右馬頭故
トツ閑ヘシ譬ヘハ武恩莫太ナルニ驕テ此一家ノ人々毎事上
慕ヲ奉忽諸體ナリシ中ニ山名伊豫守時義但馬國ニ在國
ノ京都ノ御成敗ニモ不應雅意ニ任テ振舞ケル間誠御沙
汰有ハヤト思食立セ給ケル刹那ニツカサレテ伊豫守早世ス

『明徳記』 東京大学史料編纂所蔵

一　明徳の乱

決戦は首都京都

明徳三年（一三九二）に足利義満は南北朝合一を果たし、南北朝内乱が終止符をうったことはよく知られている。しかし内乱終熄の過程を実際に見ると、南北朝合一はどちらかといえば形式的な問題をかたづけたに過ぎず、むしろその前後に行われた二つの出来事が重要であることに気づかされる。一つが合一の前年に起こった明徳の乱であり、これは明徳二年に六分一殿と呼ばれた山名氏清*らを討った戦乱である。そしてもう一つが合一の翌年応永元年に行われた義満の日吉社参詣である。ここでは、まず前者の明徳の乱の経緯を振り返り、内乱がどのようにして終わりへと向かったのかを順を追って明らかにしていきたい。

明徳二年一一月に義満が南都へ赴き、興福寺の再興を厳命したことは先に触れた通りだが、前年に誓った伊勢参宮を行うまで残された時間はわずか一月余りに過ぎなかった。義満が取りかかっていたのは神社の再興だけではない。明徳元年に厳島参詣から帰った義満は、美濃国の土岐康行の攻略にも成功しており、有力守護の勢力削減という軍事の遂行にも忙殺されていた。

このように多忙ななか、次に義満が着手したのが山名一族の勢力削減であり、明

＊山名氏清　一三四四～一三九一。南北朝動乱では、北朝方として大功を挙げ、丹波などの守護となったが、その勢力が強大なのを恐れた足利義満と反目し、明徳の乱を起こして敗死した。

徳元年に山名氏清、満幸*に一族時熙《ときひろ》*、氏幸《うじゆき》*の討伐を命じた。これは同年に行った土岐征伐と同時並行で行われており、そのほかにも神社参詣を繰り返していたから、時間はいくらあっても足りなかっただろう。

多忙だったにもかかわらず、山名一族の勢力削減にむけた義満のやり方は少々手がこんでいた。義満は当初は山名氏清・満幸に一族時熙と氏幸を討伐させていたが、翌明徳二年に時熙と氏幸を赦免して、逆に満幸を没落させたのである。もともと一族間で仲がよかったとはいえない山名一族だったが、義満は手のひらをかえすことで、山名一族の内部分裂の動きを一気に加速させたのである。

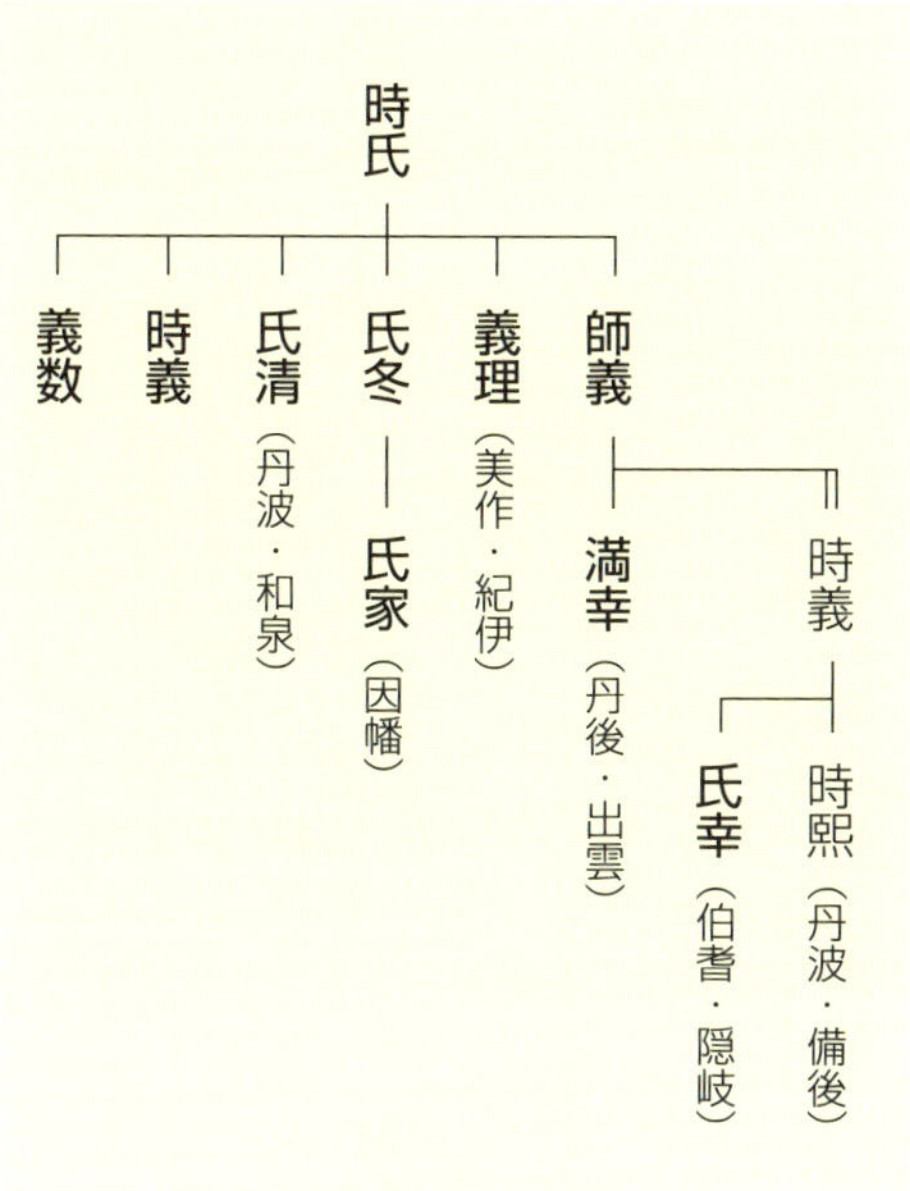

山名一族の守護職分有

事実、この一連の義満のやり口は、山名氏清、満幸を憤慨させるには十分だった。明徳二年一二月二三日、氏清は分国和泉から出陣、同じく山名満幸も丹後から丹波に出て、京をうかがっており、京の義満は南北両

＊ **山名満幸**　?〜一三九五。一三九〇年伯耆・隠岐守護となるも、まもなく仙洞料所の押領などで義満と対立。翌九一年氏清とともに義満に反して明徳の乱を起こしたが敗れ、九五年京都で京極高詮に殺された。

＊ **山名時熙**　一三六七〜一四三五。一三八九年、将軍足利義満が厳島に参詣した際にはその帰途を尾道に迎え、接待する。義満の命で山名氏清、満幸に追討されるが、明徳の乱で氏清らが滅びたあと山名氏惣領となり、但馬守護職を得る。

＊ **山名氏幸**　?〜?。惣領職をめぐる内紛で叔父山名氏清、弟山名満幸と対立し、従兄弟の山名時熙にくみして敗れる。その後氏清らが明徳の乱（一三九一）をおこすと討伐軍にくわわり、乱後、伯耆守護に復帰した。

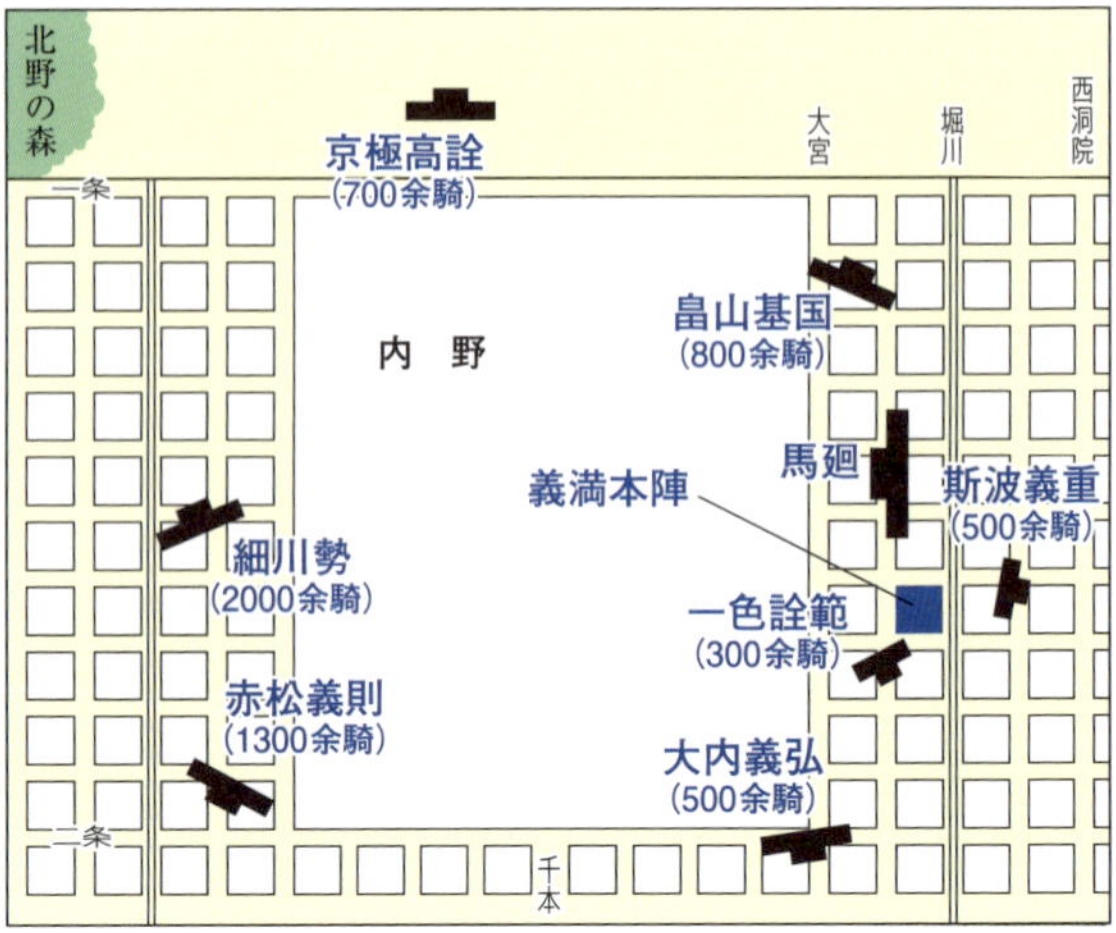

明徳の乱勢力図　（松岡久人、2013 年より）

方から挟撃されるかたちになったのである。もはや前年に誓った伊勢参宮どころではない。明徳の乱、ここに開戦である。

首都決戦の決断　山名一族への挑発が巧妙だったのは確かだが、京を挟撃されるのは戦術面で明らかな失策だった。和泉国からの軍隊に対応するために進軍すれば丹波国から背後をとられるし、逆もまた同じだからである。残された手段はただ一つ、首都京都での決戦という選択しかない。多忙ゆえのミスというべきか、この時、三四歳の義満は間違いなく追い詰められていた。

首都へ迫る山名軍に対して、幕府はどちらからの侵入にも対応できるよう、洛中の西際、堀川の西に陣を置いた。当時、洛中の居住域は北は一条、南は九条、東は鴨川、西は大宮に囲まれた範囲が中心だったから、これはまさしく洛中を防衛するかたちの布陣である。

平安京の内裏《だいり》跡は中世には内野と呼ばれて広い空き地となっており、具体的にはそこを囲うかたちで陣が定められた。『明徳記』の語り手は、これを万一、いっぽうが攻め破られても、うちに入った敵軍を残り三方から包囲する「張子房《ちょうしぼう》*ガ秘セシ四惟《しすい》ノ陣*」と表現している。

張子房とは漢の劉邦《りゅうほう》を支えた参謀張良《ちょうりょう》のことである。後にも触れるが、この軍記物の作者は、『史記』を愛読していたとみえ、至るところに同書からの引用が見られる。『史記』は九世紀末には日本に伝来しており、中世日本の知識人の愛読書の一つだった（大木『「史記」と「漢書」』など）。ここでも軍師帳良の事績になぞらえて陣形の説明がされているわけだが、天才軍師の策にたとえるには少々、文飾が過ぎるだろう。ここまでの経緯からもわかるように、このような方策しかとることができなかったというのが正直なところだからである。

このように後手にまわった幕府軍だったが、大内義弘*、赤松義則らの奮戦もあって勝負は拮抗する。この点を『明徳記』の記述をもとに具体的に見ることにしよう。

「西国一ノ勇士」大内義弘

戦闘は一二月三〇日早朝にはじまった。まだ陽は昇らず、雨に雪が交じるなかだったという。山名家中で猛将として知られた氏清の弟義数《よしかず》と小林上野介《こうずけのすけ》*が京都の二条大宮に侵入し、その動きをうけて幕府軍側では大内義弘が軍を進めた。注目すべきはその戦法である。彼は決戦にあたり、首都攻防戦に相応しい戦術を見せた。自軍の三〇〇余騎の軍勢に馬から下りさせ、次に楯

---

* **張子房**　漢初の功臣。字は子房。高祖の作戦の中枢となり、蕭何、韓信とともに漢創業の三傑といわれた。
* **四惟ノ陣**　戦場での陣形の一つ。四方に陣を広げておき、敵がそのいっぽうを攻め破って侵入した時には、四方から中にはいった敵をとり囲んで全滅させようとするもの。
* **大内義弘**　一三五六～一三九九。周防など六か国の守護。南北朝の合一に尽力し、朝鮮と交易も行った。三代将軍足利義満と対立し、鎌倉公方満兼と通じて応永の乱を起こしたが堺で敗死した。
* **小林上野介**　山名氏清の家臣。謡曲「小林」では氏清をいさめる場面が描かれる。

大内義弘
山口県立山口博物館所蔵

を一面に並べて、弓を構えるように指示したのである。一兵たりとてなかに入れない、防御を優先した軍勢配置である。

戦術を周知徹底するために、義弘は大音声で、この戦いが敵の突破を阻止する絶対防衛戦であり、敵が退いても追ってはならないとの旨を配下に伝えている。重要なことは直接何度でも伝達するというのは、組織論一般の鉄則だが、実際にそれをスムーズに行った義弘はやはり戦場という現場に慣れている。そしてその命令をうけて馬をおり、弓兵へと迅速に軍備を替えた義弘騎下の軍勢も相当な手練《てだ》れだったといえるだろう。

この点は彼の戦歴からも明らかである。永和元年（一三七五）には、義弘は今川《いまがわ》貞世《さだよ》＊の援軍として豊後に渡海して、九州の南朝勢力征討に尽力していた。またその後の康暦元年（一三七九）から翌年にかけては弟大内満弘＊と長門・石見・安芸の三国にまたがる大規模な内戦を繰り広げており、義弘軍は文字通りの歴戦の勇者たちで構成されていた（松岡『大内義弘』）。このように意図が明確な戦術も功を奏して、勝負は開始から四時間にも及ぶ長期戦の様相を示し始めており、義弘の想定通りに事が運んでいたのである。

＊ **今川貞世**　一三二六〜？。九州探題としてその経営につとめ、室町幕府の九州統治を成功に導いた。歌人としても名を残した。

＊ **大内満弘**　？〜一三九七。康暦二年に兄義弘と合戦に及び、後に帰順。応永三年に北九州での南朝勢力との合戦で討死。

こうなると不利なのは攻撃側である。山名義数は長期化する戦況を打開しようと、義満本陣への突入を決断し、軍を動かしはじめた。しかし、この動きを察知した大内義弘は、今度は突撃しようとする山名軍の馬を攻撃するように命令した。つまり、手っ取り早く馬を倒して、敵の足を止めようとしたのであり、ここからも義弘軍の戦巧者ぶりがうかがえる。このような義弘軍の戦術もあって、山名先陣の両雄は相次いで討たれることになった。

『明徳記』はこのような大内義弘の活躍を「西国一ノ勇士」と褒めそやすが、個の武勇だけでなく、ここまで見たような臨機応変な現場感覚にあふれた判断にこそ、勇士たる所以があるといえる。このように硬軟の両方の戦術に長けた大内義弘を活躍もあって緒戦は幕府軍の勝利に終わったのである。

黄金の軍隊　しかし、これで戦闘が終わったわけではない。第二陣の開始である。

南北から京都の義満を挟撃する絶好の機会を得たにも関わらず、山名軍はこの機を十分に活かせなかった。というのも丹波方面から進軍していた山名満幸の軍は進路を誤って、緒戦《しょせん》に遅れるという初歩的かつ重大な過失を犯していたからである。これはやはり南方から攻め込んだ山名氏清の軍も同様であり、遅参によって好機を逃すことになった。そもそも山名方には広範囲に展開した軍勢をまとめあげるだけの器用の人材に乏しかったようである。

しかし、それにもかかわらず山名満幸の軍は意気盛んだった。
丹波口から内野に進入した彼らに対し、幕府軍は畠山基国《もとくに》、赤松義則、細川頼元、京《きょう》極高詮《ごくたかのり》らをこれにあてた。この第二戦も拮抗しており、たとえば畠山基国などは鎧がぼろぼろになるまで奮戦したが、決着はなかなかつかなかった。このような戦況を前に義満はついに自身の出陣を決断し、次のように号令を下した。

「旗を進めよ」

義満の号令をうけ、鬨《とき》の声を挙げて進軍したのが、御馬《おんうま》廻《まわり》衆三千余騎である。

ここで義満直属の御馬廻衆の構成を見ておこう。

まず軍奉行は一色詮範《いっしきあきのり》と今川仲秋《いまがわなかあき》の両名である。注目すべきは軍備であり、その装いについては『明徳記』は「思々ノ馬物具、鞍《くら》、具足ニ至ル事、金銀ヲ色《そろ》へテ出立テ」と記している。すなわち具足から馬具に至るまで金銀を意匠した華やかな装いだったらしい。その具体相をさらに軍奉行一色詮範の装束から見ると、それは次のようなものであった。

「赤地ノ緞子《どんす》ニテツツンダル金胴《こんどう》ニ、白糸ノ鎧ノ妻取《つまどり》タルヲ二両重テ着給テ、同毛ノ五枚甲ニ五尺二寸ノ銀ノ鍬形《くわがた》*打テ、居頸ニ着テ四尺三寸ト聞ヘシ泥丸ニ三尺八寸黒鞘《さや》ノ太刀二振帯テ、白地ニ金襴《きんらん》ノ笠ジルシヲ内野ノ風ニ葺《ふ》キ靡《なび》カセテ、栗毛ナル馬ノ八寸ニハヅミタル白覆輪ノ鞍置テ、金グサリノ馬鎧カケテゾ乗タリケル」

＊ 鍬形　威容のために兜の前に打った前立物。

各票の※印欄は、ご依頼人において記載してください。

払込取扱票

02	東京

通常払込料金加入者負担

口座記号番号	00100-5-244
加入者名	株式会社 吉川弘文館
金額	※ 千 百 十 万 千 百 十 円
料金	
備考	

ご依頼人・通信欄	フリガナ ※お名前	
	郵便番号	電話
	※ご住所	
	※	

◆「本郷」購読を希望します

購読開始　　号　より

1年　1000円（6冊）　3年　2800円（18冊）
2年　2000円（12冊）　4年　3600円（24冊）
（ご希望の購読期間に○印をお付け下さい）

日附印

裏面の注意事項をお読みください。（ゆうちょ銀行）（承認番号東第53889号）

これより下部には何も記入しないでください。

切り取らないでお出しください。

記載事項を訂正した場合は、その箇所に訂正印を押してください。

振替払込請求書兼受領証

口座記号番号	00100-5-244　通常払込料金加入者負担
加入者名	株式会社 吉川弘文館
金額	※ 千 百 十 万 千 百 十 円
ご依頼人	おなまえ ※　　様
料金	
備考	

日附印

この受領証は、大切に保管してください。

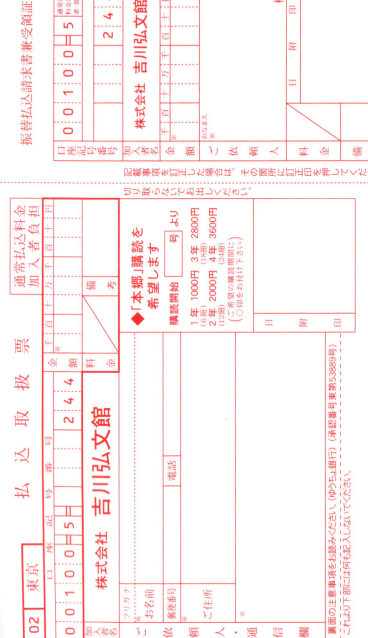

　赤色の胴に白糸が装飾のアクセントに置かれた鎧の派手さもさることながら、やはり注目すべきは、五尺二寸もの銀の鍬形が兜につけられていたとの記述である。今の単位に換算すると、実に一メートル六〇センチと、当時の成人男性の平均的身長とおぼしき高さである。帯刀した「泥丸」も一メートル三〇センチと実に長い。これだけでも十分に威圧的な装束だが、馬にはさらに金ぐさりがじゃらじゃらと付けられていたと『明徳記』は記している。もちろん軍記物的な誇張もあろうが、このように武張《ぶば》った装束の詮範を筆頭に、白地に金襴の笠印を掲げた一軍の姿は薄暮《はくぼ》曇天《どんてん》の戦場にあってひときわ異彩を放ったに相違ない。そしてそれに類した金銀で着飾った軍団がそのほかに三〇〇〇騎いたというから、これはいわば黄金の軍団である。その彼らが一斉に鬨の声を上げて、内野の決戦にけりをつけに現れたのであり、その威容は敵方を畏怖させるに十分だったのではないだろうか。事実、山名満幸軍は持ちこたえられずに撤退し、満幸は単騎に等しいていたらくで丹波へ落ち行くのである。

　先にも触れた通り、南北から進軍する軍勢の連携が十分でなかったことが、そもそもの軍事上の重大な過誤だったわけだが、陽が昇る前の合戦は、南北にわかれて進軍していた山名勢の連携を一層、困難にしたようだ。北辺での緒戦にけりがつき、山名義数と小林上野介両雄討死の報に接した山名氏清は自身の失策を悟ったに違いないが、しかしそこで怖《お》じ気付《けづ》くのではなく、むしろ覚悟を固めて大宮通りへと進軍した。最後の戦いである。
逆転勝利を狙う氏清の戦略は次のようなものだった。このまま南から大宮通りを攻め上がり、二条にて最終決戦に出ようとしたのである。この動きを察した大内義弘は再び陣形を立て直し、赤松義則も陣を固める。しかし追い詰められて決死の体となった山名勢はそれゆえに強力であり、このような手負いの軍勢を前にした義則も次のように覚悟を決めたと『明徳記』は記している。

「義則ニヲイテハ討死スルゾ、左様ニ契ラン人々ヨ、返セ〳〵」

──「もう私は討ち死にする覚悟を決めた。同じ覚悟の者たちよ!、引き返せ!引き返せ!」と自らの死を覚悟して絶叫していたのである。

最後の抵抗を見せた山名氏清軍を前に、幕府軍には逆転負けの気配も出始めたが、ここで義満は再び指示を出した。一色詮範に軍を預け、氏清方面へ向かわせたのである。黄金の軍団、二度目の出陣である。これには山名氏清も耐えきることができず、とうとう討死したわけだが、最後まで油断できない総力戦だったといえるだろう。

翌明徳三年二月には大内義弘は紀伊国の山名義理*も討伐し、一連の軍功をうけて、山名の旧領である和泉国と紀伊国の二国を与えられた。これで大内一族は周防・長門・石見・豊前を加えた六カ国の守護となったのである。

しかし絶頂は滅亡のはじまりでもある。『明徳記』では高祖《こうそ》の事績に言及される

＊ 山名義理　一三三七〜?。山名時氏の次男。美作、紀伊の守護となる。明徳の乱では山名氏清方につくが、京都での合戦にはまにあわず、明徳三＝元中九年大内義弘に攻められて紀伊興国寺(和歌山県)で出家した。

ことが多いことは先にも触れた通りだが、『史記』の構成に忠実だったというべきか、今回の合戦で大活躍を見せた大内義弘は八年後の応永六年、今度は逆臣として討伐の憂き目にあう。世にいう応永の乱だが、これもまた『史記』の構成通り、「狡兎死して走狗烹《に》ら」れたわけである。

戦場のファッション　以上が明徳の乱の経過だが、この戦いでは、戦装束にも、義満のこだわりがよくあらわれていた。

義満が御馬廻衆に、黄金趣味を反映させた戦装束をまとわせていたことは先に触れた通りだが、自身の格好にもさまざまなこだわりがあった。出陣にあたり、義満はよく知られた次のフレーズを口にしている。

「家僕《かぼく》ノ御退治《たいじ》ノ御出ナレバ、御着長ヲモメサレズ、御烏帽子《えぼし》*ニ長絹ノ御直垂《ひたたれ》*ヲ召レ、篠作《しのつくり》ト云御太刀ヲゾ着シ給ケレバ、御馬廻モ皆々折烏帽子ヲゾ着シ給タリケレバ、御馬廻モ皆々折烏帽子ニ、スワウ袴ナリケリ」

（家僕を退治する出陣なので、「御着長」も着用されず。烏帽子に長絹の直垂に篠作という太刀を佩かれるばかりなので、馬廻衆たちも折烏帽子に素襖の袴で出陣した）

自身の家臣を退治するだけだからと、武装せずに出陣した主君の頼もしさは、家臣団をいっそう団結させたことに相違ない。若干の虚勢はあったにしても、家僕を懲らしめるのには、相応の服装でなければならないという服装への意識があったことは、やはり見逃せないだろう。

＊**烏帽子**　烏の羽の色を連想させる黒色の布帛または紙製の帽子。「えぼうし」ともいう。髻をあげて髪をととのえた成人男子の不可欠のかぶりもの。

＊**直垂**　中世後期以降、礼装として武家に用いられた上下一対の衣服。

もちろん、これは出陣の際の衣装であり、戦場で事実上の丸裸でいたわけではない。しかしそこでもこの意識は一貫している。

「態《わざ》ト御小袖《こそで》*ヲバメサレズ。フスベ革ノ御腹巻ノ中ニ通リ黒皮ニテ威《おど》シタルヲ召レタリケル。同毛ノ五枚甲ノ緒ヲ示メ、累代《るいだい》ノ御重宝ト聞エシ篠作ト云ヲ御ハカセニ、二銘ト云御太刀ヲ二振ソヘテハカセ給フ。薬研《やけん》通ト云御腰物《こしもの》ヲササセ給テ、御秘蔵ノ大河原毛五尺ノ馬ト聞エシニ黄覆輪《きぶくりん》ノ御鞍ヲ置テ、厚総ノ鞦ヲ懸テゾ召レタル。抑今度御小袖ヲ召サレズシテ、フスベ皮ノ御腹巻ヲ召レケル御事ハ何事ゾト申スニ、御小袖ハ朝家ノ御敵御対治ノ時召サルル佳例ノ御着長ナリ。今度御家僕ノ悪逆ヲ御誡《いましめ》ノ御沙汰《さた》ノ御対治ナレバ、敵ニアハム御着長ナル、上ル軍勢ニマギレ有テ、若氏清・満幸等ヲ御覧ジ付サセ給ハバ、人手ニモカケズ御自ラアテ落サムト思召ケル故トゾ聞エシ。」

御小袖ではなく、革の腹巻に黒皮の装飾を施したものを着用して陣に臨んだのは、御小袖は朝敵を退治するときに着用するものだからであり、朝敵ではない、悪いことをした家僕を懲らしめる程度のことで用いるまでもない。敵に応じた武装をしているのだ。氏清や満幸を見つけたら、義満自身が直接、退治してやるのだ――。京都を挟撃される追い詰められた状況にはあったものの、衣装へのこだわりは一貫しており、この点については日常だけでなく戦場にまでも活かされていたのである。

明徳の乱の戦後処理

戦場から逃げ出した山名満幸はその後、諸国を流浪した

*小袖　袖口が詰まった小形の袖の衣服。

挙げ句、応永元年（一三九四）三月一〇日に京に上ったところを討たれている。その姿は頭を剃り、山伏の体だったという（『荒暦』応永元年三月一〇日条）。ここに明徳の乱は最後の幕を閉じたわけだが、最後に乱後の政策について触れておこう。

一つは幕府による戦没者の供養、鎮魂《ちんこん》政策についてである。明徳三年、義満は相国寺に禅僧一〇〇〇名を出仕させて大施餓鬼会《おおせがきえ》*を行わせた（天野「小林成立の背景」）。明徳の乱の戦没者を供養するためである。後に会場を北野の右近の馬場に移し、応永五年ごろから毎年行われるようになる。激戦の後遺症は、敵味方を問わない、鎮魂の儀礼を新たに生み出したのである。

もう一つは今回の山名の蜂起の背後に南朝の影が見えたことである。『明徳記』では、乱にあたり山名陸奥守に次のことを語らせている。

「新田ノ左中将義貞《よしさだ》*ノ、先朝ノ倫命《りんめい》ヲ承テ上将ノ職ニ居シ天下ノ政務ニ携キ。我其氏族トシテ国務ヲ望ムベキ条謂レ無ニアラズ。去レバ先年南朝ヨリ事ノ次有シ時、錦《にしき》ノ御旗《みはた》*ヲ申給テ今ニ是ヲ頂戴ス。今度此御旗ヲ差テ合戦ヲ致スベシ」

かつて新田義貞は、後醍醐天皇の命をうけて、天下の政務を司った。新田氏の流れである山名一族にも国務を担う正統な理由がある。事実、我々は南朝から錦の御旗を頂戴しているのだというのである。錦の御旗を実際にもらったかどうかは軍記物であるために確定しにくいが、風聞だけでも重大な問題で、南朝の処遇が依然として重要な政治課題だったことがここにあらためて明らかになった。南朝勢力が残

---

*大施餓鬼会　餓鬼道におちて飢餓に苦しむ亡者（餓鬼）に飲食物を施す意で、無縁の亡者のために催す読経や供養。

*新田義貞　一三〇一〜一三三八。上野の人。一三三三、鎌倉幕府を滅ぼし、建武政権から重用されたが、のち、足利尊氏と対立。兵庫で楠木正成とともに九州から東上する尊氏と戦ったが敗れ、恒良・尊良両親王を奉じて越前金崎城によったが落城。のち、藤島で戦死。

*錦ノ御旗　天皇の旗。赤地の錦の上部に金銀糸で日月を刺繍し、あるいは描いたもので、朝敵を征伐する官軍の標章として用いられた。

存する以上、錦の御旗を頂戴したと喧伝する第二・第三の山名の登場も否定できないからである。かくして義満は南北朝の合一にむけて動き出さなければならなかった。ここにいたり、もはや前年に伊勢の神に誓った、明徳二年の参宮どころではない。それよりも先に政治の混乱を立て直す作業が優先される。義満が伊勢への参宮を果たすのは、最重要の政治課題となった南北朝合一を果たした翌年の明徳四年の九月に入ってのことである。

二　南北朝合一と延暦寺

南北朝合一

明徳の乱であらためて政治課題として浮上した南朝の存在だったが、義満がそれまで、南朝勢力への対処を後回しにしていたのも理由がないわけではない。というのも、この時の南朝がすでに著しく弱体化していたからである。

この点を臼井信義『足利義満』をもとに述べると、応安六年（一三七三）には細川氏春*によって南朝の長慶《ちょうけい》天皇*は天野の行宮《あんぐう》を追われ、吉野に移ったが、その後、長慶天皇と弟後亀山天皇*とのあいだで勢力争いがあった可能性が指摘されている。そして紀伊国守護であり、南朝と通じていた疑いのある山名一族も守護の座を追わ

---

*細川氏春　?～一三八七。細川師氏の子。淡路守護。南朝にくだった従兄弟細川清氏とともに讃岐にわたり細川頼之とたたかうが、清氏敗死後、幕府に帰順。

*長慶天皇　一三四三～九四。第九八代天皇。後村上天皇の皇子。南朝不振のころで事跡の伝わること少なく、在位も疑問視されていたが、八代国治らの研究により在位が確定し、一九二六年歴代皇統に列せられた。

*後亀山天皇　?～一四二四。第九九代天皇。後村上天皇の皇子。名は熙成。兄長慶天皇のあとをついだ南朝最後の天皇。足利義満の提案により、皇統の両朝迭立等を条件に後小松天皇に譲位した。

れ、軍功のあった大内義弘が新たに同国の守護に任命された。もともと地力に乏しかった南朝の勢威はここに大きく削減されたのである。

実は父義詮の時にも合一の談合は進められていたものの、結局、決裂していたのだが、以上の経緯もあって、今回、その手続きは驚くほど円滑に進められた。明徳三年（一三九二）一〇月二五日に、神器《じんぎ》*帰座《きざ》の日時が定められ、南朝側一行は同月二八日に吉野を出発。途中で橘寺*や興福寺に宿泊しつつ、閏一〇月二日夜に嵯峨大覚寺《さがだいかくじ》に到着した。そして五日に神器は京の内裏に置かれ、五七年ぶりに北朝、南朝とわかれた皇統が一本化されたのである。

このように父義詮が果たせなかった南北朝の合一という難題を、義満は拍子抜けするほどのはやさでひとまずは解決してみせた。もちろん、以後も南朝勢力は、亡霊のように室町時代史の折々に登場するのだが、教科書などにも大きく取り上げられる南北朝合一という大事業も、ここに実にあっけなく完了したのである。

橘　寺

延暦寺の処遇　有力守護の勢力削減と南北朝の合一とを果たした結果、義満の前から不安要素のほとんどは解消されたといってよい。先に触れ

＊**神器**　皇位のしるしである八咫鏡・草薙剣（天叢雲剣）・八坂瓊曲玉の三種宝物の総称。

＊**橘寺**　奈良県高市郡明日香村にある寺。天台宗。七四七年の『法隆寺伽藍縁起并流記資財帳』には聖徳太子建立の七寺の一つとして「橘尼寺」をあげている。

たように、明徳四年には念願だった伊勢参宮も果たしており、彼の考える「天下泰平」への道を着実に進んでいた。しかしまだ残された問題があった。それが延暦寺の処遇である。

延暦寺が、興福寺と並び南都北嶺と称された中世の最大の宗教勢力の一つであったことはよく知られているが、それは確かな実態を伴っていた。冒頭でも触れた通り、「三千大衆」との呼称そのままに、三〇〇〇名規模の僧侶が比叡山、坂本に居住し、加えて西の麓の京都の寺社の多くを末寺・末社化していたからである。祇園社や北野天満宮なども延暦寺の末社であり、洛中の金融業者である土倉の多くも、山門から資金提供を得て、金融業を展開していた。比叡山の東西の麓に、関係者が多く居住していたのである。

これだけを見ても、延暦寺の統制はきわめて大変だったことがわかるが、ここであらためて南北朝期の幕府・朝廷と延暦寺の関係をたどってみよう。幕府との最初の大きな接触は貞和元年（一三四五）のことで、足利尊氏と直義の兄弟が後醍醐天皇を追悼するために造営した天龍《てんりゅう》寺《じ》落慶《らっけい》供養《くよう》に光厳上皇が行幸するにあたり、延暦寺大衆は延暦寺・東大寺以外の臨幸《りんこう》供養は認められないとその中止を求めて、強訴を行ったのである。

結局、光厳上皇の御幸は行われたのだが、応安元年（一三六八）には南禅寺僧侶と延暦寺僧との対立を契機に大衆は強訴を行い、南禅寺の楼門《ろうもん》が破壊されることになる。さらにその後も延暦寺は強訴で用いた日吉社神輿の造替を訴え、幕府を苦しめつづけていた。そもそも延暦寺は後醍醐天皇を逃がし、南北朝内乱を長引かせた黒幕であり、幕府にとって因縁の相手だったのだが、このように幕府はまったくなすすべがなく、延暦寺にとって、この時までは、強訴という朝廷に対するのと同じやり方で影響力を行使することができたのである。従来通りのやり方が、新しい権力である室町幕府にも有効であることを知った延暦寺が、幕府との交渉において後手に回ったのにも確かに十分な理由があった。

外堀を埋める

しかし、延暦寺が強訴を繰り返す間、幕府は着実に政権基盤を固め続けていた。義詮が死去した翌年の応安元年（一三六八）には、強訴で傷んだ神輿の造替を要求する山門への対応が協議されるが、なかなか進展せず、対立が長引いていた。協議の主体は幼少だった義満ではなく、執事として義満の補佐を任されたあの頑固な細川頼之だったと見られ、当然といえば当然のなりゆきである。しかし、康暦の政変で頼之が政治の表舞台から退くと事態は一転し、膠着状態の打開がはかられ、康暦元年の五月に、義満自ら指揮して、神輿《しんよ》*造替《ぞうたい》を決定したのである。

下坂守氏によると、この時、延暦寺側として義満と交渉にあたったのが杉生坊たちであり、この時から彼らは山門使節としての名称を与えられたという（下坂「山門使節制度の成立と展開」）。幕府は神輿造替という妥協と引き替えに、山門を制御できる山門の実力者とのパイプ作りに成功したのである。

＊ **神輿**　神幸にあたり神体（御霊代）を奉安する輿をいう。

その後も義満のアメ政策は続き、例えば、杉生坊らが在所を構えていた坂本の山徒たちの祭礼である小五月会*を保護するに至る（下坂「延暦寺大衆と日吉小五月会《こさつきえ》（その二）」）。朝廷に対しても奉仕するものに対しては、庇護する姿勢を見せていた義満であるが、山門に対しても、自身に奉仕の姿勢を見せた坂本の山徒たちを手厚く保護していたのである。下坂氏が適切に評価したように、神輿造替を契機になされた山門使節の創出と坂本小五月会の保護は、「巧みな対延暦寺大衆政策」だったわけである。そしてその背後に政治巧者の斯波義将の存在をみても、あながち間違いではないだろう。

祇園社・北野社・青蓮院

以上は坂本方面から見た山門懐柔策だが、京にあった山門拠点に対しても、延暦寺の権勢の相対化がはかられていた。

延暦寺が洛中寺社の多くを末寺・末社化していたことは先にも触れた通りだが、その一つである祇園社に対しては、至徳二年に将軍家御師職《おししき》*が設定された（三枝「室町幕府の成立と祇園社領主権」）。これは祇園社が将軍義満の祈祷を担うことを意味し、当然、このような奉仕に対して義満は手厚い見返りを与えたから、祇園社社僧たちの眼も、山門より義満に向かうことになっただろう。同じく延暦寺の末社だった北野社も、明徳二年までには松梅院《しょうばいいん》*という塔頭《たっちゅう》が将軍家御師職になっていたことが明らかにされており（山田「初期足利政権と北野社」）、御師職の任命をテコにして京都の山門末社に義満の息がかかるようになっていたのである。山田雄司氏が適切にま

* **小五月会**　近江坂本の日吉大社で陰暦五月九日に行われた祭礼。
* **将軍家御師職**　とくに将軍足利家と御師として師檀関係を結んだもの。
* **松梅院**　北野社の院家。将軍家御師識を獲得したために、社内でも権勢をふるう。

とめるように、これ以降、これらの末社が延暦寺の影響を相対化していくことになる。

それに加えて、門跡《もんぜき》寺院との接近も挙げられる。天台座主*を輩出した門跡寺院としては、青蓮院、妙法院、梶井宮《かじいのみや》などの門跡があげられるが、義満は自身を護持する修法をつとめさせる過程で、彼ら門跡たちとの関係も深めていった。特に青蓮院門跡で二度、天台座主を務めていた尊道《そんどう》との仲は大変良好だった。実は山門使節である円明坊*らも青蓮院門跡の配下であり、尊道自身も円明坊らを重用していた。義満は青蓮院関係者をてこに、延暦寺支配に動こうとしていたのである。

実際、明徳三年に義満は息子を門跡寺院の一つである青蓮院に入室させていた。門跡への入室は将来的には足利家の子弟が延暦寺のトップである座主になることを意味する。大衆たちもその意味は十分にわかっていただろう。そして同年に南北朝が合一したことは周知の通りであり、かつては強訴で要求をねじ込んでいた山門側も潮目が変わったことに、気づかなければならない時がきたのである。

土倉酒屋役　懐柔を基調とした義満の対山門政策も、自身の基盤が固まってくるにつれて変化する。このことを室町幕府の財源としてよく知られる土倉酒屋役から見ることにしよう。

明徳四年（一三九三）に創出された土倉酒屋役は、土倉と呼ばれた金融業者や、

＊**天台座主**　天台宗比叡山延暦寺管主の公称。山の座主ともいう。

＊**円明坊**　青蓮院配下の僧侶。

酒を販売していた酒屋といった京都の商人に課せられた商業課税である。そして先に触れたように、土倉の過半が山門の影響下にあったが、それは延暦寺の有する所領などを経営し、その巨大な資本の貸し付け、運用を通じてより大きな富を築くことができたからである。最大の宗教権門である延暦寺は、同時に中世最大の資本家の一つでもあり、配下に多くの金融業者を抱えていたのである。

京の土倉たちが延暦寺の息のかかった業者である以上、通常なら山門の威光を前に新たな課税などもっての外だった。この点は天皇家でも例外でなく、このことは大嘗会の要脚《ようきゃく》を集めるために酒鑪役《しゅろやく》*を賦課した後円融天皇が寺社からうけた仕打ちを想起しても明らかだろう。幕府が京の土倉に対して課税を行うことが可能になった前提には、延暦寺からの許可があったことは間違いない。

ではなぜこの時期に延暦寺は幕府による土倉酒屋役の徴収を認めたのだろうか。実は翌応永元年（一三九四）九月一一日に義満が日吉社に参詣しており、土倉酒屋役の創出も義満の機嫌をとり、日吉社への参詣を仰ぐためであったことを先に明らかにした（早島『室町幕府論』）。そして、詳細は後述するが、この年に山門領荘園からもお金が集められ、義満に渡されていた。つまり、明徳四年に山門は義満の社参を仰ぐために、幕府による土倉酒屋役の創出を認め、また山門領荘園から徴収されたお金を義満に礼銭として手渡していたのである。

三代将軍という名だけでなく、強勢を誇った六分一殿山名一族の勢力を削減し、

---

* 酒鑪役　朝廷造酒司が宮廷の酒酢進納のために、洛中洛外などの酒屋・麹屋に賦課した税。

そのまま父義詮の宿願でもあった南北朝の合一も果たした義満は権力の最初の絶頂期を迎えていた。このような状況の変化を前に、延暦寺の室町幕府への対応は、気がつけば後手に回っていた。南都北嶺と延暦寺と双称されたいっぽうの南都＝興福寺・春日社は、幕府の対南朝政策もあって、形式的ながらも早々から幕府と親密な関係にあった。しかし、新しい政権と交渉手段を積極的に構築はできないまま、外堀を埋められたかたちになった延暦寺は、まずは金銭を供出して恭順の姿勢を見せることでしか、もはや新しい権力者の歓心をかうことができなかったのである。

かくして義満の日吉社参詣が実現したのだが、ここに至り、彼と延暦寺の立場は逆転していた。義満の日吉社参詣にあたり、延暦寺がどのように動いたかを、『日吉社室町殿御社参記』という史料をもとに、その狼狽ぶりも含めてじっくりと見ることにしよう。

三　足利義満の日吉社参詣

会議は踊る

義満が来る――。今回の義満社参が以上のような性格を持つ以上、準備は念入りに行われなければならなかった。しかしいっぽうで社参の日時までに

和田社
大宮川
郡園社
倉園社
(北図子)
(はち町)
福大夫社
大崎社
和田町
大磯町
若宮社
沢ノ町
山王神輿環御着船所
騎兵社跡
蓮華園
(蓮花堂町)
大乗寺町
富ヶ崎
御田社
大門鳥居
琵琶湖
井神町(井神町通)
大鳥居社
石占井社
泉町
瓢箪団子
杉生社
磯成社
泉社
[明良]
(ほりけ)
(かしかしは)
梶井水[堀池]
三宮船小屋
幸社
大江間町
(はま道)
(ふしの木)
両社
大宮船小屋
松の馬場
[山王神幸道]
両社
客人船小屋
八王子船小屋
[馬場町]
聖女船小屋
[石川町]
橋下町
四ヶ谷町
若宮
二宮船小屋

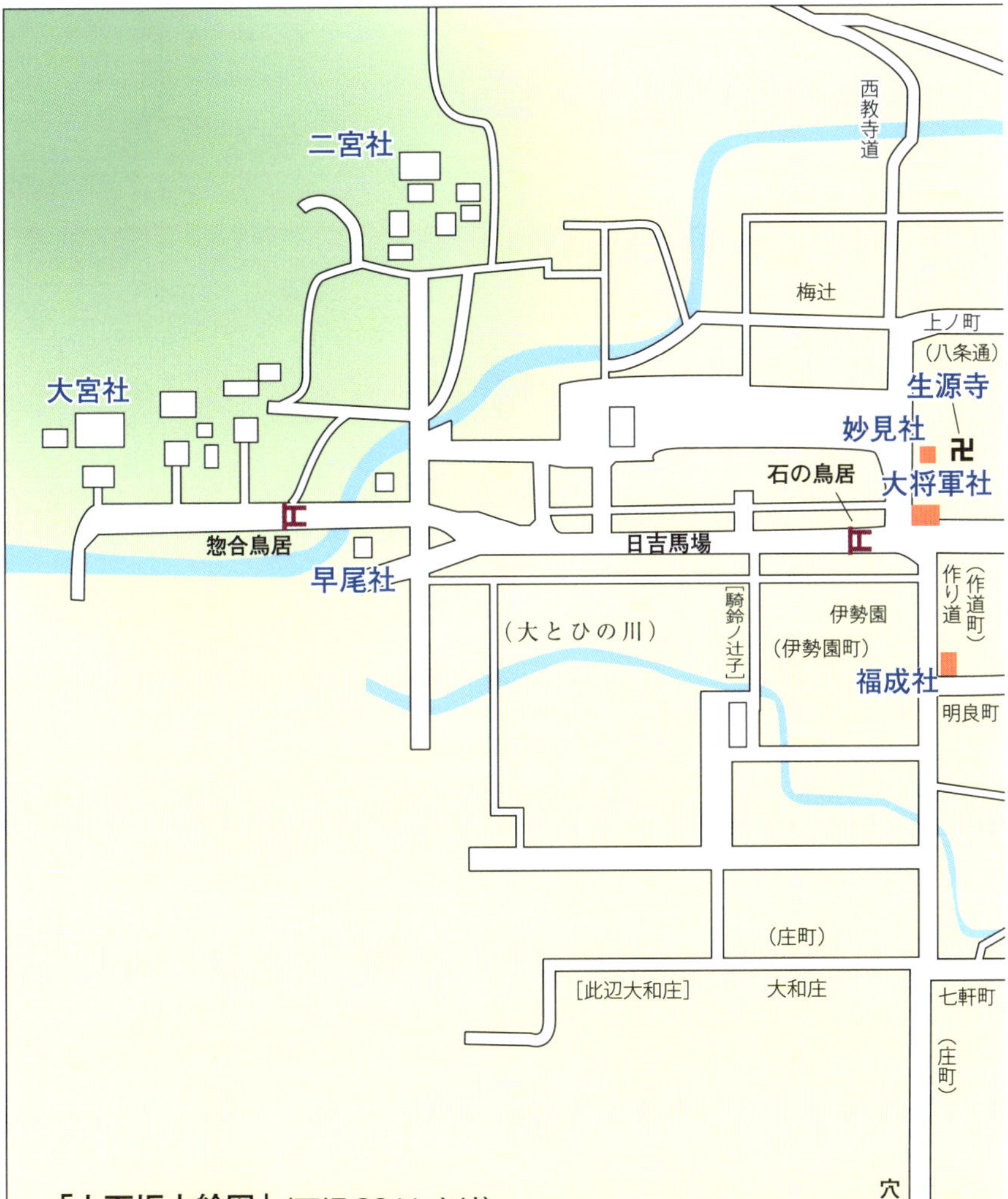

「上下坂本絵図」（下坂 2011 より）

註１）原図には「上下坂本略絵図」（叡山文庫蔵）を用いた（近世に大幅な改変があった西南部の一部を掲載の都合で省略した）。

註２）図中の文字注記のうち（　）内は、「門前町坂本絵図」（個人蔵）、また［　］内は「山門三塔坂本惣絵図」（内閣文庫蔵）から採取したことを示す。

註３）鎮守社の所在地が ■ で塗りつぶされているのは、「山門三塔坂本惣絵図」に「神輿屋」が描かれていることを示す。

上下坂本（六箇条・三津浜）の町（前掲下坂より）

残されていた時間はわずか一月余りに過ぎず、事は急を要した。

義満を迎えるために、延暦寺の僧侶たちは応永元年七月二九日に第一回の準備会議を行った。会場は比叡山の東の麓である坂本の生源寺《しょうげんじ》*である。この生源寺は天台宗をひらいた最澄*生誕の地と伝えられる寺院であり、いわば延暦寺の原点ともいえる場所に「坂本宿老」と呼ばれた坂本在住の寺僧たちが集まって、諸事の相談が進められたのである。そこで決議されたのは次の点である。山上*の大衆に対して八月三日に坂本へ下山して会議の場に加わるようにという内容である。

生源寺

この決議は一見すると、単なる事務的な報告事項に過ぎないようにみえるが、実は延暦寺の歴史からすれば、画期的な内容を有していた。というのも、本来の延暦寺の組織運営からすれば、山上から山下の坂本に指示を出すことが通常であったからである。文字通りの上意下達だったわけだが、この点を踏まえれば、坂本から山上に指示をだすなどは、組織としてはありえないはなしだったのである。

もちろん、このような重要な決定がいきな

---

* 生源寺　坂本の寺院で最澄の生誕地とされる。
* 最澄　七六七〜八二二。日本天台宗の開祖。比叡山に入り、根本中堂を建立。八〇四年空海とともに入唐し、翌年帰国。また、南都諸宗の学僧と対論、大乗戒壇の設立を上表。
* 山上　比叡山延暦寺のこと。

り行われたわけではない。「坂本宿老」たちの会合は「先度衆議之旨」に任せて行われたというから、今回の会合以前に延暦寺の大衆全員が集まっており、いわばこのゼロ回目の会合で山上の大衆たちの内諾も得られていた。その地ならしを経て、今回の義満社参ではじめて山下の坂本から山上の大衆たちへ指示が出されたのである。

しかし、この程度で事がおさまれば誰も苦労はしない。今回の伝達文の最後には次のように記されている。

「一山の大儀、これに過ぐべからざるの上は、かつて自由の故障有るべからざるの旨、衆議おわんぬ」

すなわち、今回の義満の社参は山門延暦寺全体の重要問題であるから、「自由」（勝手）に会合を休まないようにと、山上の大衆に迫り、念を押しているのである。

以上の伝達を受け、予定通りに八月三日には坂本の堀池の寺家坊にて第二回の会合が催された。堀池とは大鳥居を少し入り、瓢簞図子《ひょうたんずし》を下ってすぐの地名であり、このあたりに坊舎があったのだろう。寺家とは延暦寺のトップである座主直属の事務方の組織。そこでは召集された以下のメンバーの出席を得て、いよいよ本格的に会議がひらかれている。

▼山上方

常坐院幸承《じょうざいんこうしょう》　大蔵房睿隆《だいぞうぼうえいりゅう》　大妙房睿宣《だいみょうぼうえいせん》　覚林房教雲《かくりんぼうきょううん》　行光房円俊《ぎょうこうぼうえんしゅん》　正観院《しょうかんいん》

勤運《きんうん》　鶏足房観慶《けいそくぼうかんけい》

▼坂本

坐禅院直全　円明坊兼慶　興善院宗□　明浄坊教雲《めいじょうぼうきょううん》　上林坊堯覚《じょうりんぼうぎょうかく》　南岸坊《なんがんぼう》

隆覚《りゅうかく》　井《いの》□(上カ)坊堯暹《ぼうぎょうせん》　妙音院宣覚《みょうおんいんせんかく》　乗運坊兼尊《じょううんぼうけんそん》　杉生坊暹春《すぎうぼうせんしゅん》　行泉坊《ぎょうせんぼう》

定運《じょううん》

▼寺家

大弐法眼弘兼

山上方とは、延暦寺山頂に陣取る東谷《ひがしたに》、西谷《にしたに》、横川《よこかわ》を代表する面々であり、今回の坂本宿老たちからの召集を受けて、下山してきた人々である。坂本とは先の「坂本宿老」を指す。そのうちの円明坊・杉生坊・坐禅院の三名は山門使節と呼ばれ、幕府の意を体現する人々であったことは本書の冒頭でも触れた通りである。それに天台座主直属である寺家方として弘兼が出席している。延暦寺の山上・山下を代表する面子だった。

これらの面々の参会を得て、次の点が話し合われた。

①稚児《ちご》＊による番論義の出題をどうするか

②義満や公卿《くぎょう》・近習《きんじゅう》たちの桟敷《さじき》をどこに構えるか

＊稚児　祭りなどの折に、神霊のよりつく者として選ばれて参加する童児。

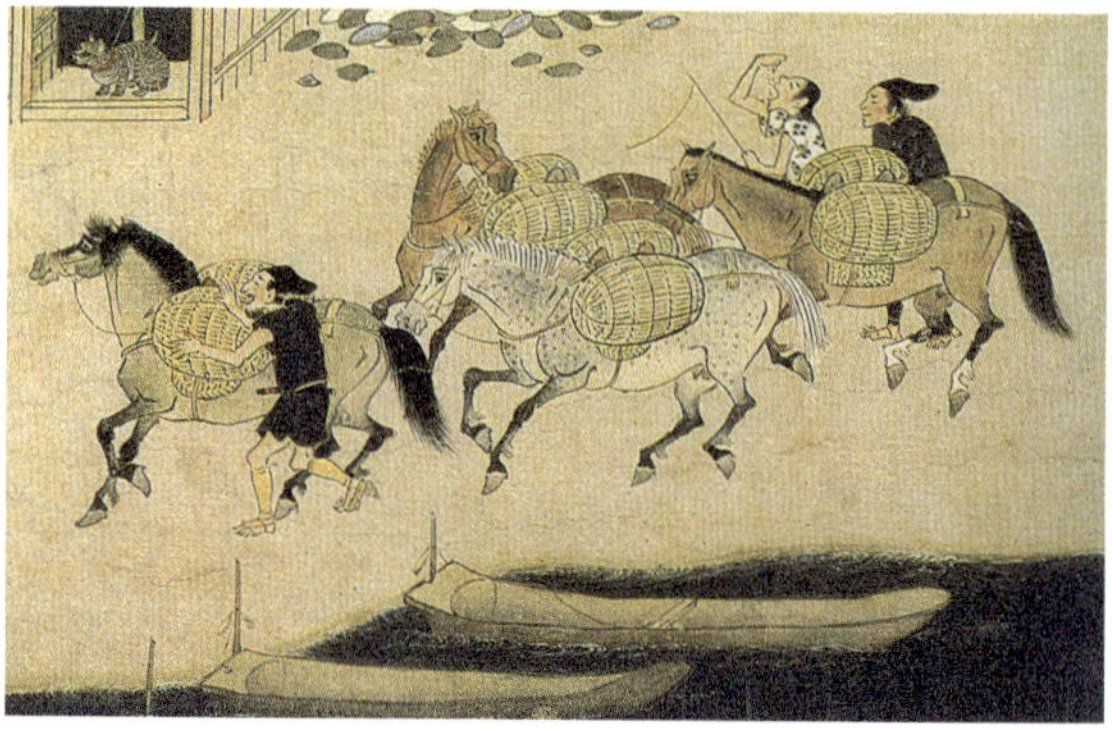

馬借　『石山寺縁起』より

③社頭*・拝殿・回廊・小社・諸彼岸所などの修理をどのように進めるか
④舞台・楽屋の設置について
⑤社頭掃除について
⑥京からの路程である今路（三中越）の道路整備について
⑦参道付近にある小家の退去および垣・桟敷の修理について

①の番論義とは、本来は教義に関わる問答の応酬を競うものだが、特に稚児が行うものは、教学というよりも遊戯色の強いものであった。なぜ番論義を稚児が行うのかというと、後述するように義満は稚児が大好きだったからであり、延暦寺にとって議題のトップに置くべきもてなしの目玉だった。具体的には左方の五名を円明坊、右方の五名を杉生坊が揃えること、そして彼らの調練は興善院と坐禅院の担当であることが決定されており、粗相があってはならないもてなしだけあって円明坊、杉生坊、坐禅院の三名の山門使節が直接、人選に関わっている。

②〜④は設備に関する内容であり、来賓の宿泊所や設備の修繕などに関する議論

＊社頭　社殿の付近。社殿の前。また、社殿。みやまえ。神前。

である。基本は延暦寺の修理奉行が受け持ち、日吉社内の各彼岸所は山上の僧侶たちの負担とすることがここでは確認されている。

⑤〜⑦は前項とも関わる美観の問題である。⑤の社頭の掃除は六箇条・三津浜《みつはま》が担当することが決められている。これらはそれぞれ上坂本、下坂本を指す地名だから、坂本全体で掃除の担当が決定されたのである。⑥の道路の修繕は馬借の担当とされている。彼らは湖岸に拠点を置き、水揚げされた荷を京へ運ぶ運送業者だった。⑦も、参道の整備に関する案件である。

以上のあらましを確認した上で、即日、舞童の調練が開始されている。担当は左方は金宝寺《きんぽうじ》（律院）、右方が弘法寺《こうぼうじ》と尼寺知恩寺《ちおんじ》*。奉行はやはり山門使節の三名が任についている。すでに八面六臂の活躍を見せている山門使節だったが、会議の議決と同時に調練がはじめられたことからもわかるように、義満を迎える用意を調えるための時間はあまりに短かった。

負担の配分①――土倉の場合　第三回の会議が行われたのは、四日後の八月七日、場所は日吉社内の聖女彼岸所であり、三回目ではじめて日吉社内で会合が開催されることになった。そこでの議題は次の四点である。

①義満らの桟敷や宿泊所の室礼である屏風の調達
②延暦寺領荘園への領銭賦課状況について
③三臈《さんろう》以上、四・五臈以下の大衆は義満が参詣する三日間は全員出席すること

---

* **尼寺知恩寺**　京都市上京区上立売町にある浄土宗の尼寺。応永年間（一三九四〜一四二八）後光厳天皇皇女見子（入江）内親王が崇光天皇の旧御所を寺とし、足利義満の娘、覚窓性山尼を第一世としたのに始まり、代々皇女が住持となった。

④在所以下の担当奉行

①は義満以下の要人たちの桟敷や宿泊所を飾る屛風調達をどうするかという、もてなしの話である。泉万里氏によると、今回集められた屛風は当初の計画で六八双、実際には六五双が集められ、宿所としてわりあてらた彼岸所に三九双、桟敷に二六双が飾られたという。後に義満は北山第で屛風合わせを行うから、今回のもてなしはこの屛風合わせを先取りするものであり、その意味で今回の屛風の歓待は成功だったといえるだろう（泉『光をまとう中世絵画』）。

屛風の調達は主に京都の土倉たちに任された。京都の山徒たちは金融業を経営しており、山門気風の土倉と呼ばれ京都では最大勢力を誇っていたが、そのうちの辻《つじ》本坊《ほんぼう》　宝蔵坊《ほうぞうぼう》　宝聚坊《ほうじゅぼう》　正行《しょうぎょう》房　善蔵《ぜんぞう》房の五名に三双、行願《ぎょうがん》房　行実《ぎょうじつ》房　成就《じょうじゅ》院　善法《ぜんほう》房　正蔵《しょうぞう》房　禅住《ぜんじゅう》房　福生院《ふくしょういん》に二双が賦課されている。課される屛風の数が異なるのも、経営規模の違いを反映してのことである。

これだけを見ると、段取りよく議案が消化されたように見えるが、実際はそうでなかった。屛風を賦課された京都の土倉たちの動きは悪かったらしく、会議に参会せず、坂本での会議を人ごとのように見ていると非難されている。ただし、京都の土倉たちの動きの悪さもわからないではない。先述の通り、彼らは前年から土倉酒屋役を幕府におさめることが義務づけられ、すでに十分な負担は担っていたからである。これに加えて、今回、屛風の費用も調達しなければならなかったのだから、反応が悪いのにも十分な理由があった。

京だけでなく、坂本の土倉三九カ所にも屏風が一双ずつが賦課されたが、京の土倉たちと同じく、坂本の土倉たちの負担もこれだけではなかった。実は五月のはじめの時点で土倉三〇カ所に五〇貫文が賦課されており、新倉と呼ばれた、あらたに経営をはじめた土倉九カ所にも三〇貫文、合計で一七七〇貫文が課税されていたのである。しかしこれでも、義満供応の費用として不足なので、六箇条と三津浜の坂本全体に間別一〇〇文の在家役が課税されていた。さらに「富裕《ふゆう》之《の》輩《ともがら》」から延暦寺領の三つの荘園の年貢を担保に借銭を行っており、これも事実上、坂本の土倉たちがお金を出したのだろう。このように坂本の土倉たちもすでに十分すぎるほどに負担を担っていたのである。

負担の配分②—荘園と大衆　負担の連鎖はまだ終わらない。②に記される通り、そのほかにも富永庄・栗見庄・木津庄などの延暦寺の荘園に対して、義満への上進物の用途として領銭二二〇文が賦課されている。領銭とは聞き慣れない言葉だが、のちの応永二八年の足利義持*の日吉社参籠の際に、山門領荘園に段別*二〇〇文の段銭が賦課されたことも踏まえると、領銭は領主段銭を指すとみてよいだろう（「井口日吉神社文書」）。このことを触れた山門衆議事書に「御所（義満）御社参の事、来月三日必定の間、山門領銭、去年衆議の旨に任せて、其の沙汰に及ぶ所也」とあることも見逃せない。内容は義満の社参は九月の三日に決定したので、山門領荘園に領

* **足利義持**　一三八六〜一四二八。室町幕府第四代将軍。在職一三九四〜一四二三。義満の子。一三九四年、九歳で将軍となる。父の死後、日明貿易を中止するなど独自の政策が目立った。

* **段別**　一反を単位として税をかけること。

銭を懸けることは去年の衆議通りであるというものである。ここで注目したいのは後半部分で、前年の明徳四年の段階からすでに荘園に領銭が賦課されていた事実が明記されている。ほかの記述も参照すると、その額は段別三三〇文。先にも触れた通り、明徳四年には京都の金融業者たちが土倉酒屋役を義満の政所《まんどころ》に毎月納入することが決定していたが、それ以外にも山門側から実質的な服従を意味する義満への金銭授与が行われており、その費用は膝下の荘園からの領銭によりまかなわれていたのである。その「先例」をうけて今年も二二〇文の課税が協議されており、土倉だけでなく在地社会の負担も累積していた。

③では全員出席が確認され、その際には着用する袈裟《けさ》などの新調が厳命されている。

義満の遅刻嫌いと全員参加の強要については先にも触れた通りだが、彼の第三の嗜好として、儀礼には衣服を新調して臨まなければならないというものがあった。今回はそのための指示が徹底されており、「万一、公事課役の思いを成し、古物を『見若』に用いれば、当寺の恥辱、他門の嘲弄たるべくの間、おのおの一身の大事と存じ出立せらるべきなり」、すなわち古着を新調の服のようにして参列するなと具体例をあげて厳しく命じているのである。大変だとしかいいようがない。

④は作事や掃除の担当の件である。そのうち来賓の桟敷の設営については、公卿座、舞台、左右の楽屋という、より重要な施設の設営は円明房、坐禅院、杉生房の

山門使節がそれぞれ行い、そのほかの馬屋などは坂本の大衆である上林房、智生房、明静坊の担当であることが決定された。そのほか聖真子《しょうしんし》木屋*の修理は竹中房と南岸房、大宮彼岸所*の修理は南谷の両長行事、堂下楽人打板は仙蔵房が担当することが決められ、その費用は「公物」、すなわち、延暦寺の蔵から出されることが決定されたのである。来賓たちの機嫌をそこねてはいけない肝要な部分は、やはり山門使節の三名がしっかりと押さえている。

負担の配分③—馬借の場合　掃除についても割り当てが定められ、坂本中の住人が清掃のために毎日百人ずつ動員されたほか、散所《さんじょ》法師*も毎日一〇人がかり出されていた。美観の回復は坂本のなかだけではない。京から坂本までの通路である今路の整備も坂本の馬借たちに命じられている。しかし、道路の整備には橋の修繕も含まれるなど、実際には大規模な土木工事である。当然、馬借だけでは埒《らち》があかず、清水浜《しみずはま》と小唐崎《こからさき》の住人にも路地の普請が命令されている。文字通りの総動員体制である。

路地の普請の費用は延暦寺の蔵から一〇貫文が出されており、その担当奉行は山門使節の円明坊と善阿弥《ぜんあみ》だった。善阿弥は、「四至内《しじない》」と呼ばれた天台座主直属の役人であり、延暦寺の蔵を管理していたと思しき人物である。彼が出納《すいとう》役としてここに登場するのは立場上、当然といえるが、むしろ延暦寺本来のあり方からみて不自然なのは、山門使節の円明坊の関与である。おそらく今回の義満社参を契機に山

＊**聖真子木屋**　山王七社の一つ。

＊**大宮彼岸所**　神社の境内で仏事を行う時、用いる堂。もと、日吉山王二十一社の社内で、彼岸会を修したことに始まる。

＊**散所法師**　散所で法体をした者。

門使節の円明房が蔵の鍵を握るようになったのではないだろうか。先に坂本の山門使節が山上の僧侶に指示を出すことが延暦寺の組織上、異例であることは先に述べた通りだが、今回の義満社参を契機に延暦寺の蔵の鍵も彼らが握るようになったのである。

さておき、今路の修繕だけでも、馬借にとっては過大な負担だったが、彼らの負担はこれだけではない。毎日、馬借の商売道具である馬二〇〇匹、車二〇両の供出が命令されていた。この時期の坂本の馬借・車借たちの規模がどの程度だったかは明らかでないが、やはり彼らの経営を阻害するに十分な数であったと見て間違いないだろう。

このように、義満の日吉社参詣に関わる負担は、延暦寺の僧侶たちだけでなく、その支配下にある坂本の住人から散所法師、さらには馬借といったさまざまな階層の人々たちに強制的にわりふられた。その全体像は左の表にまとめた通りであり、荘園領主の支配下のあらゆる階僧に負担を強いた点に、義満の時期以降の負担の構造の特質があったのである。

その後も会議は小刻みに開催された。八月九日の会議は再び生源寺で行われ、馬借へ路地普請を遂行するようにとの伝達と、桟敷の修繕が命じられている。一〇日には青蓮院門跡の出座依頼と用途の借用が議題に上がった。なぜ青蓮院門跡にあらためて出座を依頼したのかといえば、青蓮院が義満と大変仲がよかったためであり、

表　延暦寺への負担

近江国荘園	【富永庄・木津庄・栗見庄・兵主郷】 間別銭 300文（明徳４年）／間別銭 220文（応永元年）
坂　本	【土倉】本倉30カ所に各50貫文、新倉９カ所に各30貫文、総計1790貫文賦課（応永元年） 【土倉】39カ所に各１双の屏風調進（応永元年） 【酒屋】壺別200文賦課（総額不明、応永元年） 1200貫文借用（「坂本中有力合期之輩」宛、応永元年） 【在家】間別銭100文、社頭掃除へ毎日100人以上が出仕（応永元年） 【馬借】今路修理、25日間にわたり毎日馬200頭・車20両供出（応永元年） 【散所法師】毎日10人宛出仕
京　都	【土倉】将軍家に年間6000貫文の土倉酒屋役進上（明徳４年～） 29双の屏風調進（応永元年）

義満の参詣は青蓮院のお出ましと一体だったからである。

後者の借用の議題は八月三日の会議で議論されていた借銭契約が具体化したもので、寺家の人間と山門使節が連署して「坂本中有力合期之輩」から一二〇〇貫文が借用されている。先に延暦寺の金庫の管理に、寺家の人間に加えて山門使節が加わったことを確認したが、ここで山門使節が借用書にそろって署名していたことは、延暦寺全体の財政に使節が関与したことを象徴している。今回貸し付けを依頼されたのも坂本の土倉と見て間違いないだろう。一一日の会議では六箇条・三津浜、すなわち坂本全体へ間口別に一〇〇文の徴収が決定されている。その徴収は徹底したものであったようで、五日以内に出さない場合は、住居を壊して、費用に宛てることが記されている。ここまでくると、もはや脅迫である。

遅れる準備

一一日の会議では、そのほかに来賓の御座所が決定され、一五日にはその経過が報告されたが、状況は思わしくなかった。稚児の供奉や大衆の出席状況について尋ねても、山上の僧侶たちは「耳外《じがい》に処せられ、一向の遠見により、是非の返答に及ばざる」状態だったからであり、要は会議の決定を聞かず、よそ事のようにして返答すらしていないというのである。先に京都の土倉たちの動きが鈍かったことに触れたが、坂本から山上へ指示することの難しさもここに端的に示されている。

しかし、これは起こるべくして起こったことではあった。先に述べた通り、本来は山上から京都や坂本に指示を出すというのが延暦寺の組織運営の基本であったからである。そのために義満社参の重要性は認識しつつも、それ以上に坂本からの指示を不快に感じた大衆たちも多くいたはずであり、そのために「耳外」、「遠見」とよそ事のような態度を一部の大衆はとったと考えられる。

義満一行を接待する費用の件でも、問題は山積していた。延暦寺は坂本中にも課税するが、それでも足りず、今度は比叡山全体の財源である千僧供料を抵当に借銭することになった。領銭に加えて、年貢そのものにも手をださざるを得なかったのである。これも山上の僧侶たちからすれば不満があったらしく、このような空気を察してだろう、この決議に対して異議や疎略《そりゃく》の気持ちがあるならば、問責する旨が確認されている。事実上の恫喝である。それと同じく束帯《そくたい》を新調することと時間通りの参向を指示する時も、「三千同心」、つまり延暦寺関係者全員が一致団結することが強調されるから、不満が増大して事が行かなくなることをおそれたのだろう。

また荘園からの領銭徴収についても山門使節が現地に出向いたところ、兵主郷では、去年の春に現地の管理人が逃げ出し、荘園管理に重要な帳簿が紛失したことが判明する有様だった。これでは徴収など満足にできるわけもない。このように問題ばかりが浮かび上がる中、義満社参の日まで残された時間は、もはやわずかしか残されていなかった。

日程変更　九月三日の社参を前に迷走を続けていた延暦寺だが、突然、義満社参の日程が変更された。八月九日の時点では「御所御社参、来月三日必定」、すなわち九月三日だといわれていた日程が、八日後の九月一一日に変更されたのである。義満自身、予定を急に変更することは多々あり、今回の変更も彼の気まぐれだった可能性も否定できないが、やはり比叡山側の用意の遅れが考慮されたのではないだろうか。誰が日程の変更を申し入れたのかは明らかではないが、可能性として高いのは、義満と仲が良く、かつ延暦寺の状況にも精通していた青蓮院尊道だろう。おそらくは彼がうまく立ち回ったのではないかと想像する。

とにかく、ここに八日間の猶予を得た延暦寺側は、社参受け入れの準備に邁進する。八月二三日に義満一行が通る道沿いの家の破損が見苦しいという理由で屋根と壁の修繕が命じられたが、八月中の会議はこれのみである。遅れを取り戻すために、もはや会議など開いている場合ではなかったのだろう。

会議が開かれたのは月がかわった九月六日である。そこでは義満社参の費用が「前代超過」であるために山門の所領に領銭を課すことがあらためて確認されている。それもそのはずで、栗見庄《くりみ》*では徴収が行われたものの、そのほかの所領ではいまだ命令の伝達すらされていなかったことが報告されていたからである。この期におよんでいまだ非協力的態度であること自体、驚きだが、このような状況に業を煮やした三塔の別当たちは九月一〇日までに田数を注進させ、山門使節を同伴させて徴収にあたることを決断した。義満の社参は一一日だから、これは事実上、社参当日までの徴収を断念したことを意味するが、そうでもしなければ、もはや仕方がなかったのだろう。

さらにこの時の会議では社参当日の出席状況についても確認が行われたが、それを伝えるべき学頭代が肝心の触れを出していないことが発覚し、あらためて伝達の徹底が確認されている。酷いはなしである。費用の徴収と出席状況をいかに達成するか。一一日に社参まであと五日しか残されていないというのに、解決すべき問題はまだまだ山積みだった。

しかし時計の針は容赦なく進む。九月八日には義満社参直前にして山上の住僧全員が九日に下山することが定められた。そして社参にあたり問題や遺漏がないか、

＊ 栗見庄　近江国の延暦寺領荘園千僧供料荘園の一つ。現在の彦根市域。

あらためて確認されている。九日に修繕された橋が完成し、その供養が行われていたから、道路の修繕は着々と進められていたらしい。一〇日には京から前乗りする人々もおり、未解決の事案を残しながらも、いよいよ義満参詣の日がやってきたのである。

「吾が君」義満様

応永元年（一三九四）九月一一日の午前七時、将軍足利義満は、室町邸を出発した。狩衣《かりぎぬ》*の直衣《のうし》*を着用した武家の装束であり、力者一八名を用意して輿《こし》での出御である。

供奉したのは、公卿では万里小路嗣房《まどのこうじつぐふさ》、広橋仲光、日野資教《すけのり》、中山親雅《ちかまさ》、烏丸《からすま》重光《しげみつ》の五名でいずれも輿にのっている。殿上人*は日野資国《すけくに》、高倉永行、飛鳥井雅縁《あすかいまさより》、中御門宗量《なかみかどむねかず》、中山満親《みつちか》、山科教興《のりおき》、四辻実茂《よつつじさねしげ》、大宮隆躬、伯定清、勧修寺経豊《かじゅうじつねとよ》の一〇名で、彼らは馬である。そのあとには衛府侍*として伊勢貞長《さだなが》ら側近たちが一〇名、さらには細川頼元、畠山基国、京極高詮、六角満高、そしてお気に入りの結城《ゆうき》満藤《みつふじ》が続いている。そのほかに義満の身の回りの世話をするために、陰陽師土御門《つちみかど》有世《あきよ》、医師坂士仏《さかしぶつ》、古山珠阿弥、三上泉阿、奉行の飯尾美濃守、そして女中たちも同伴している。公武を総動員した参詣である。

京から坂本まではこのために整備された今路を通っていったのだが、途中で青蓮院尊道のはからいで休憩所が設けられ、そこで杯が交わされた。尊道は梶井宮明《みょう》承《しょう》、妙法院尭仁《ぎょうにん》とともに、九日には坂本入りしており、延暦寺の門跡として義満

---

* **狩衣**　公家の略装。武家は正装に用いる。狩猟に用いる衣服の意。
* **直衣**　公家の高級官人が日常着として採用した私服。
* **殿上人**　四位・五位の廷臣のうち、内裏清涼殿の殿上の間に昇ることを許された者の称。
* **衛府侍**　将軍の外出に身辺警固に当たった者。

をお迎えする用意を調えていたのである。

一行は近江国にはいり、穴太《あのお》から白井作道を北上した。事前の準備もあって家々には竹が植えられ、美観に怠りはない。大宮に通じる橋で輿の屋根が払われ、衆徒たちが蹲踞《そんきょ》*して義満を出迎える。筆頭に居たのは今回の社参準備に骨を砕いた坐禅院真全、円明房兼慶、杉生坊暹春の山門使節、そして童たちが三五人ほどである。義満の好みを知りつくしたお出迎えであり、童たちを前におそらく彼は満足の笑みをもらしたことだろう。

坂本に入った義満は最初に御座所*となる大宮の彼岸所に入り、延暦寺の僧侶たちに盃を与えた。それをうけて山門からは金三〇〇両が現物で、そして三〇〇〇貫文は目録のかたちで義満に進呈された。延暦寺が懸命にかき集めたお金である。日吉社を案内する御師は樹下成光*。申刻《さる》に行水をして大宮へ奉幣、つづいて経供養が行われた。ただし経供養*のほうは、義満も聴聞するはずだったが、疲労があったのか出座はなかったようだ。かくして社参の初日は終わった。

翌一二日に義満はそのほかの六社をめぐり、未刻に舞童*が行われた。楽人は義満のお気に入りが揃えられており、舞人として、左方に狛俊葛、正葛、元葛、右方に多《おおの》久景が配置されている。笙《しょう》は義満自らが勤め、笛、琵琶、箏《こと》を公卿がつとめた。演目は左方の五番として萬歳楽《ばんさいらく》、嘉殿楽、太平楽、甘州《かんしゅう》、陵王、右方の五番として地久楽《ちきゅうらく》、狛鉾《こまぼこ》、長保楽《ちょうほうらく》、林歌《りんか》、納蘇利《なそり》が演じられた。舞童は山門関係者の稚児

---

* 蹲踞　貴人が通行する時、両膝を折ってうずくまり、頭を垂れて行なう礼。

* 御座所　貴人の居所。おいでになる場所。

* 樹下成光　日吉社司の家で代々御師をつとめた。

* 経供養　法式どおり経典を清浄に造写することやその経典をさし、またそれを安置・埋納する供養をいう。

* 舞童　舞をまう童子。寺に所属し、法会などのおり、舞を行った。

たちであり、その舞は何よりも義満の目を楽しませただろう。稚児尽くしは続き、一三日は稚児の番論義が行われた。稚児たちは酉《とり》の刻に塔下彼岸所に集合して、そこで五双十題の論議が交わされる。その過程では延暦寺が鎮護国家として唯一無二であることがアピールされている。

以上が義満社参の顚末《てんまつ》だが、延暦寺の気遣いには関係なく、義満は気儘だった。本来なら論義は一二日、舞童は一三日という予定だったが、急に義満が予定を変更し、そのあおりをうけて、今出川実直*は遅刻をしてしまう。義満に仕える者として大失態である。おそらくは名前の通りの性格だったのだろう、このような心労が重なったためなのか、彼は二年後に死去してしまう。さておき、論義も酉刻開始の予定が押してしまい、表白文を読みあげるあいだにどしゃぶりの雨になり、延暦寺の大衆たちは傘もささず立っていたという。また、一二日の楽披露のあいだ、三千大衆たちは塔下の彼岸所に集まるように指示されていたが、やはりというべきか、三〇〇〇人が収容できるはずもなく、結局は入り口の早尾社のあたりにまで人があふれ出ていた。彼らもさぞかし所在がなかったに相違ない。

このように義満の気まぐれに振り回された日吉社の社参だが、論義が終わって天気が好転し、円明坊の同宿である横川都率谷妙泉坊宗源が次のように述べた。

「今回の御社参は三千大衆にとって大変な名誉なことであります！」

さらに東塔の高山慶暹が蹲踞して続ける。

＊ **今出川実直**　今出川実尹の二男。兄は公直。和歌を得意とし、おそらくこのために義満から目をかけられ、応永元年に右大臣に任官。応永三年に兄が死去したのち、家督を継ぐが、同年死去。

「吾が君義満様の徳が天地に溢れ、世は万年の楽につつまれ、人々は半日の憂いさえありません！　さらに神仏の信仰は高まり、仁義忠孝の道は倍増しております！　三千大衆も合掌して国家安泰を祈願いたします！」

このように義満の奔放さとは対照的に延暦寺側は、義満を「吾が君」と呼ぶなど、徹頭徹尾、義満に対して頭を垂れ続けたわけであった。明けて一四日の巳《み》刻、帰京する段になり、義満は延暦寺から進上された総額七二五〇貫文、現在の額で七億円相当のお金をそのまま延暦寺に渡して、次のように発言した。

「これを大きな講堂を作る資としなさい」

義満の嗜好ともいえる全員参加には、それを収容する会場が必要である。大講堂の建造を命じたのもそのためだろう。これをうけて僧侶たちは「三院の禅徒合掌《がっしょう》し、かたがた国家安泰の旨を祈りたてまつるべく、三千一同、詮議《せんぎ》せらるべきか」と述べている。かつて、白河法皇をして三つの不如意として悩ませた山門の法師たちの姿は、もはや見る影もなく、ここに権力者義満に従順な山門延暦寺が誕生した。彼らは義満の天下のもとで、国家安泰を祈る集団として転生したのである。

荘園の再編と新しい負担体系の誕生

かくして、延暦寺は義満の室町幕府と交渉を持つに至ったのだが、義満からの宿題に答える必要があった。応永三年（一三九六）九月二〇日には、義満が新たに命じた延暦寺大講堂の落慶法要が行われた。七億円相当が義満から還付されたとはいえ、相次ぐ負担の要請は、今回も延暦寺を苦しめたが、義満はムチばかりを与えたわけではない。今回の落慶法要を行わせるために、義満は武家の違乱などにより不知行《ふちぎょう》だった延暦寺の荘園の還付を命じている。今回の大講堂落慶法要の時もやはり全員参加が求められるなど、義満の時期になって儀式全般が大規模化し、費用も膨らんだが、義満の要請に応えたならば、南北朝動乱以来、武家に押領されつづけていた所領を取り戻すことができたから、意向に逆らうわけにはいかない。事実、延暦寺領の近江国木津庄*では、検注《けんちゅう》と呼ばれる土地経営調査が行われ、荘園経営を健全化できた。その意味で、服従の対価は十分にあったのである（小原「木津荘の負田・公事・名」）。

比叡山の東の麓にいた八瀬童子*たちも、今回の大講堂落慶法要で恩恵をうけた人々である。今回、義満は今路経由ではなく、直接、山上に上がるルートを選んだが、その際、雲母《きらら》坂から義満の輿をかついだのが八瀬童子たちだった。本来彼らは、天皇の輿を担ぐのが職務だったが、これ以後、足利家が延暦寺に登る場合、彼らの輿もかつぐようになり、室町幕府からも編制されることになった（西山「輿を舁く八瀬童子」）。

八瀬童子
歴史写真会「歴史写真（大正天皇御大葬記念写真帖）」より

＊**木津庄**　近江国高島郡にある荘園。現在の滋賀県高島郡新旭町付近の地域。

＊**八瀬童子**　京都北方の八瀬里（現、京都市左京区八瀬）の住民の古称。

応永八年に彼らは大般若経三〇〇巻を作成しているが、その費用は輿を担いだ褒美から出た可能性が高く、服従の対価は確かに大きなものだったのである。

しかしそのいっぽうで、延暦寺に限っていっても、所領の住人だけでなく、馬借や散所法師までが負担を求められており、加えて八瀬童子も幕府の役を担うに至っていたのも確かである。義満の庇護により、所領経営が再建され、室町時代に荘園制はひとまず維持されたが、それと同時に、すべての階層に負担が配分されており、新しい負担の体系がここに誕生していたのである。

四 南都再興に見る負担の構造

南都再興の経過

現在の金額で七億円に相当する延暦寺大講堂の再建費用が、延暦寺の荘園や支配下の住人たちから、文字通り、しぼりとるようにしてかき集められたことは先にのべた通りである。しかし、このように集金に関する記事は充実するいっぽうで、そのお金が具体的にどのように使われたかについては、わからないことも多かった。

その点で日吉社参から五年後の応永六年（一三九九）に完成をみた南都再興事業*

＊南都再興事業　一一八〇年に平家の南都焼打ちにより炎上した東大寺大仏殿を含めた寺の復興のために、重源は一一八一年八月、東大寺造営勧進職に任じられ、晩年をかけて行われた一連の事業。

では、日吉社参詣の時のような議事録が残されない反面、そこにはなかった収支について詳しい資料を残してくれている（『春日大社文書』八四三号）。そこでここでは南都再興事業を素材に、集められたお金がどのように使われたかを見ることにしよう。

まず南都再興事業の概要から確認すると、明徳二年（一三九一）に南都の再興が誓われたことは第Ⅱ章で触れた通りだが、事業はすぐには進められなかった。一つは義満が明徳の乱から日吉社社参に至る、動乱の終熄に手が一杯だったからであり、もう一つは費用の工面の問題が立ちはだかっていたからである。

興福寺南円堂

しかし義満が日吉社社参を終えた翌年の応永二年から、事業は再起動される。稲葉伸道氏によると、同年四月に義満は南朝支配下にあった大和国宇智郡*を春日社に寄進、七月にはそれを一乗院門跡の管轄にしたといい、南都再興のための財源が確保されはじめたのである（稲葉「南北朝時代の興福寺と国家」）。

この動きを前提にしてだろう、応永四年冬に再建事業を催促する命令が幕府から興福寺

＊　大和国宇智郡　大和国（奈良県）にあった郡。現在の五条市付近にあたる地域。

に届けられ、応永五年正月から造替事業がいよいよはじめられる。応永五年三月二一日に幕府奉行人である斉藤基久*が南都に下向し、課税の徹底と、その不足銭の徴収を、国民と呼ばれた大和国の在地領主たちに厳命している。

予定されていた食堂と北円堂の修復が延期されたことから、南都再興の場合も延暦寺のような資金調達をめぐる紆余曲折《うよきょくせつ》があったと推測されるが、応永六年二月一一日に金堂と南円堂はなんとか上棟された。これを受けて、義満は三月九日に南都へ下向し、一一日に供養が行われた。門跡一乗院良昭*が導師、呪願に聖護院道意*があたり、色衆《しきしゅ》*として三〇〇名の僧侶が立ち会っていたという。儀式への大規模な動員は義満の時代になって、すでに見慣れた光景であるが、以上のようなかたちで義満が祈願した南都再興が果たされたのである。

南都再興の収入　以上の経過を確認した上で、今回の儀式の収支について見てみよう。まず、南都再興にあたり、かきあつめられた金額は、一六七一一貫六六五文。現在の価格に換算すると約一六億円相当である。その内訳については次の表の通りである。

八郡段銭	七七四四貫八〇〇文	（但し両門跡分は除く）
東大寺領	二〇五貫二三〇文	
薬師寺領	一〇〇貫文	
御室領	四六貫文	

＊**斉藤基久**　室町幕府の官僚。奉行人と呼ばれた。

＊**一乗院良昭**　近衛道嗣息、この前年に興福寺別当に還補されるも応永七年に辞す。興福寺別当。

＊**聖護院道意**　二条良基息。

＊**色衆**　法会、灌頂などのとき、梵唄や、散華、金剛杵を持つなどの職務を勤める僧衆。

御幸銭	二〇貫文
成功銭	六〇貫文
悦酒銭	八七貫文
国衙銭	一〇〇貫文
棟別銭	二九二貫二八五文
御塔奉加銭	八〇貫文
衆中奉加銭	一六三貫九〇〇文
国民不足銭	七七三貫二五〇文
兵庫関料	八七五貫文
兵庫札狩	九〇貫文
淀関	七五貫文
京銭	六〇〇〇貫文
収入合計	一六七一一貫六六五文
支出	一六五七二貫五二六文
残高	一三九貫一三九文

ここでもっとも多くの金額が計上された八郡段銭《たんせん》とは、大和国を構成する一五郡のうち、添上《そえかみ》、添下《そえしも》、山辺《やまのべ》、城上《しきのかみ》、城下《しきのしも》、十市《とおち》、葛下《かずらきのしも》、広瀬の八郡から徴収された段銭である。これらは大和国の平野部であり、興福寺の実効支配の及ぶ地域か

ら、田地一反ごとに金銭が徴収されたのである。東大寺領、薬師寺領、御室領からも合計三五一貫二三〇文が徴収されているが、これは大和国内に所領を有する寺院からも援助金として徴収したと推測される。兵庫と淀の関銭も東大寺の重要な財源の一つである。

段銭の次に額が大きい京銭については、これだけでは詳細は不明だが、義満から供養料として寄進された四五〇〇貫文がこのリストに立項されていないから、義満寄附分を含む京都からの諸々の寄進が京銭と総称されたのだろう。とすれば実質的に興福寺が負担した額は約一万貫になるが、それでも巨額なのは間違いない。

南都再興の支出　ではこのお金はどのように使われたのかといえば、大きく言えば、興福寺の塔の造営と金堂・北円堂の修理、経蔵の造営である。その詳細は次の通りになる。

【仏像修復】

塔本尊	六五貫文
金堂　四菩薩修補	二二二一貫文
食堂　本尊修理	一五貫文
中門　二天造立	一〇五三貫文

【建物造営】

塔下四層造営	二六〇三貫文

金堂修復　一三一一貫文
東金堂・北円堂修理　六三貫文
経蔵造営　一五一八貫文
中門回廊修理　四九八貫
僧坊上階修理　一二〇四貫
東室同門築地修理　九二八貫文
観禅院・荘厳院・勅使坊など修理　二二五貫文
【人件費】
杣人賃　六七八貫文
諸方召夫賃　六六六貫文
【荘厳費用】
堂荘厳　四八三貫文
料理　一〇八貫文
御休所　一一四貫文
袈裟・床敷設　二九二貫文
楽器　一〇九貫文
幄屋など　二〇四貫文
舞装束　四四〇貫文

童舞用意　　　　　　　二四七貫文
延年用意　　　　　　　一九二貫文
開眼供養布施　　　　　四五三貫文
祈祷　　　　　　　　七九貫文
学侶・六方など上洛費用　二〇一貫文
諸方進物・訪・恩給など雑費　五九二貫文
合計一六五七二貫文

もっとも費用のかかったのが、建物の造営・修復であり、とりわけ一番の資金が投入されたのが、塔下四層すなわち、興福寺五重の塔の造営費用である。額も二億六〇〇〇万円相当と高い。次が経蔵であり、これも新規の造営だから、金額の多さも当然といえば当然である。

荘厳費用として分類したなかで注目したいのは、舞装束費用とそれに関わる雑費である。僧侶の袈裟費用などとして二九二貫文、舞装束費用として四四〇貫文の合計七三二貫文、と現在の価格でおよそ七〇〇〇万円相当の額が計上されているが、どこで作成されたのかといえば、それは奈良ではなく京都だった。最後に立項される雑費に京都への夫賃が計上されており、ここから京まで衣装をとりにいったことがわかるからである。奈良であっても、衣装などは京都であつらえなければならなかったわけであり、この点もふまえれば、日吉社社参の際に、三千大衆たちの新調された衣装も京都であつらえられた可能性が高いだろう。

関連して明徳元年一一月、日吉社の修繕にあたり、神宝や雨覆など金具全般の修復を行ったのは、春日室町の左衛門五郎行増《ぎょうぞう》と五条坊門万里小路の道智《どうち》という職人であり（「生源寺文書」）、やはり工芸・服飾全般において、京都の職人の卓越性は揺るがなかったに相違ない。そのほかにも熊野神社に奉納された御神宝*も京都であつらえられたことが指摘されており（安永「熊野速玉大社の古神宝関連資料に見る神仏習合」）、義満による寺社再興事業は、地方では荘園制の再建、都では商工業の特需をもたらしたといえるだろう。そして資金の流れから見れば、荘園からすいあげられた資金の多くが、都の商工業に投下されたことになる。義満の天下再興事業を通じて、都鄙の格差が拡大する社会構造がここでも再生産されたわけである。

見えない負担―東寺の場合

以上が南都再興の支出関係であるが、帳簿に残されていない支出も存在した。その代表が儀式参加者の負担である。

南都に三〇〇人の僧侶が出仕したことは先に触れた通りだが、構成は延暦寺一〇人、園城寺*一〇人、東寺五人、法隆寺五人、薬師寺六人、西大寺五人、元興寺一人、東大寺一九人、興福寺二三九人というものだった。その費用は幕府から出されるわけではなく、各寺院が自前で負担することが原則だった。ここでとりあげる東寺が担当したのはそのうちのわずか五名にすぎず、二三九名を出した興福寺からすれば、わずかな人数だが、しかしそれでも準備が大変だった。

---

* 御神宝　神社に奉納安置された宝物。神輿、神服、幣、鏡、鈴、剣、弓、矢、琴、書物などの類。
* 園城寺　三井寺をさす。

この点を具体的に見ると、東寺は出立の僧侶の費用のために応永六年二月二九日付で東寺領全体に段別一〇〇文の段銭賦課を決定している。日吉社参の際に、延暦寺も荘園に同様の負担を強いていたが、新規の課税に対して荘園の住人たちは態度を硬化させ、東寺の荘園である上久世庄では七〇文のところ、百姓らが五〇文に減額するように抵抗している。

東寺領若狭国太良庄《たらのしょう》*でも、同様の抵抗が見られた。太良庄の住人たちは、去年は守護から段銭と若狭国鎮守社の普請のために東寺から段銭を徴収されたことに加え、守護からは毎月のように二、三名の夫役の拠出が命じられたことを述べている。さらに遠国への夫役の場合、費用が二貫文（約二〇万円）もかかることも根拠に、今回の興福寺出仕に関する段銭課税にはとても応じられないと抗弁していたのである。抵抗は激しかったようで、四月四日付分の徴収台帳に太良庄分は立項すらされていないほどであった。わずか五名の出仕費用をまかなうだけでもこれだけの抵抗を受けるのだから、興福寺以下、それ以上の人数を出仕させた寺院においてはなおさらだろう。

義満の荘園政策は、所領を安堵し、自助努力で経営再建を行わせることを基調とし、そこから出仕などの費用をまかなわせていた。荘園領主たちにとっては義満の安堵が所領支配の再建の大きな契機となったのは確かだが、いっぽう、荘園の住人からすれば、このことは荘園領主からの課税や負担、守護からの負担、さらには義

＊ **太良庄**　若狭国遠敷郡の荘園。現在の福井県小浜市付近。

満の行動から発する負担が体系だてられないまま求められるようになったことを意味している。過負荷社会の誕生である。そしてその負担は延暦寺の事例で見たように、馬借、八瀬童子、散所法師たちにまで及んでおり、社会の全階層をからめとるものであったのである。

コラム

東南院尊玄—義満に逆らった人？

義満側の策があったとはいえ、結果を見れば拍子抜けするほど簡単に山門は義満に屈したわけだが、骨抜きにされたとはいえ、山僧が完全に従順に動いたことには違和感もある。そのなかで次の事件は、例外的な反抗の事例として位置付けられるかもしれない。

広橋兼宣《ひろはしかねのぶ》の日記『兼宣公記』応永三年（一三九六）一一月三日条に青蓮院の脇門跡である東南院尊玄《そんげん》が突然、追放された記事が載せられている。その理由をかの日記は記してくれないが、その結果、東南院の子院を含めた財産すべてが、尊勝院忠慶《ちゅうけい》に譲られることになった。この時、青蓮院の尊道は義満の権威も背景に三度目の天台座主に就任しており、門跡内部で何かが起こっていたのである。

実は忠慶が行っていた青蓮院の執事という役職は、青蓮院という門跡寺院の経営全般を切り盛りするものであったが、忠慶が押小路家出身だったにもかかわらず、以後は日野家出身者がしめることになった。いうまでもなく日野家は足利家の正室を輩出する家柄であり、後に応永一〇年には義満の子息である義円もあらためて入室する。青蓮院内部は俗の権力をそのまま反映した門跡へと性格を変化させていたのである（下坂「中世門跡寺院の歴史的機能」）。

このような後の展開も考慮すれば、尊玄が追放されたのも、日野家関係者の入室を拒否したためであった可能性が高い。義満の戦略になだれをうったように従った延暦寺関係者のなかで最後の最後に唯一、気骨を見せたのがこの尊玄という僧だったと考えられるのである。

Ⅲ 王権簒奪論後の足利義満像

相国寺庫裏

一　義満の出家

出家の意味　南北朝の合一に延暦寺との融和と次々と大事業を成し遂げた義満だったが、彼が次に取り組んだ仕事は、意外にも自身の出家だった。彼が応永元年（一三九四）一二月に征夷大将軍を息子足利義持に譲り、応永二年六月に出家を果たしたことはよく知られている。

その理由として、従来は、天皇を超越する目的が強調されていた。具体的には天皇を頂点に形成されている律令官位制のくびきから逃れるために出家をしたという、今谷明氏が強調した王権簒奪論からの説明である（今谷『室町の王権』）。

しかし、現在では、王権簒奪論そのものが否定的に受け止められており（石原『室町時代の将軍家と天皇家』など）、出家の理由も、父義詮の没年を超えたからとシンプルにとらえる桜井英治氏の指摘が支持を得つつある（桜井『室町人の精神』）。そうすると次の課題となるのは、出家後の義満の行動をいかに理解するかということだろう。

院政という政治形態を見てもわかるように、出家したからといって権力者でなくなるわけでない。これは中世成立期の上皇、法皇たちが絶大な権力者であったことを想起すれば容易に理解できることであり、むしろ逆に出家後に権力が肥大化することが多かった。義満の場合も事情は同じであり、例えば義満は出家後のほうが子を多く成したという事実一つを見ても、彼の現役感は出家後にむしろ強まっているのである。

義満の出家が父の没年と密接に関わるならば、では彼はいつから出家を具体的に考え始めたのだろうか。これは、出家後の義満像をえがく上でも重要な論点であり、以下、この問題からはなしを進めることにしよう。

いつから出家を意識したか

父義詮が三八で夭折したこともあって、足利家が代々短命であることは、周知のことがらだった。この点は義満の師匠である義堂周信も認識しており、彼の日記『空華日用工夫略集《くうげひようこうぶりゃくしゅう》』永徳二年（一三八二）五月四日条には、周信とのやりとりのなかで、義満が僧侶たちが長命であることをうらやむ記述がみえる。この時、彼は二五歳。寿命を考えるには早い気もするが、父の没年を踏まえると、徐々に意識しはじめるには確かに十分な年令である。

周信もまた義満のこの不安を巧みに利用した節がある。詳細は後述するが、義満が相国寺を建立する際には、寺院建立と仏法興隆の功徳は長寿となってあらわれると述べて背中を押していたからである。義満にとって父祖の追善が自身の延命にもつながる行為として認識されはじめたのである。

三十三回忌カウントダウン

義満が出家を具体的に考え始めたことが確実なの

は、先にも触れた応永元年に征夷大将軍を義持に譲った時であるが、これに関連して同年以降、父義詮の追善関連事業が増加、重点化した事実も見逃せない。その一例が三十三回忌法要である。同年四月七日には、相国寺八講堂にて、義詮の三十三回忌法要が執り行なわれていたが、今回の三十三回忌法要には少し奇妙な点があった。貞治六年に亡くなった義詮の三十三回忌法要は、本来ならば応永六年の年がそれに相当するはずであり、応永元年の法要は、正確には二十九回忌法要だった。しかしそれを繰り上げて、三十三回忌法要としており、実に四年も前に三十三回忌法要が行われていたのである。

繰り上げはこの時だけでない。史料から確認できるだけでも二年後の応永四年にも三十一回忌法要を繰り上げて三十三回忌法要としていたから、史料で確認できない場合も含めて、どうやら義満は応永元年から毎年、父の三十三回忌法要を行っていたようなのである。

このような三十三回忌法要のあり方は他に例をみないが、ここからうかがえるのは、父の追善に対する義満の強い思いであることは間違いない。今回の出家が、父の没年に達したのを契機に果たされ、亡父三十三回忌法要を手厚く弔うことが大きな目的であったことが確認できるのである。それはひいては自身の延命の意識ともつながっていたと考えられるだろう。

石清水八幡宮仁王経会

義満のなかで父の菩提追善《ぼだいついぜん》への思いが強まった時期を

石清水八幡宮

さらに考察するにあたり、次に注目したいのが一二月に石清水八幡宮で行われた仁《にん》王経会《のうきょうえ》*である。大田壮一郎氏によると、石清水八幡宮仁王経会とは、醍醐寺系の諸門跡を阿闍梨《あじゃり》*として、密教の大法である仁王経法を修したものであり、伴僧*二〇名の出仕と供料*二万疋現代でいえば、約二〇〇〇万円を費やした大規模なものだったという。この法会は永徳元年（一三八一）にはじめて開始され、明徳三年（一三九二）以降に恒例化したことが指摘されている（大田「室町幕府の追善仏事に関する一考察」）。

ここで注目したいのは開催日時である。開催が恒例化された明徳三年以降の日程を見ると、明徳三年は一二月一八日、四年は一二月三日、応永元年は一二月二日となっている。実はこの日時が重要であり、結論から先にいえば、父義詮の命日が一二月七日であり、一二月一日ないしは二日から六日までに行われる法会は、命日にむけての予修というべきものであった。つまり、この仁王経会は、父の菩提追善を目的に行われたのである。

右の点を補足すると、中世の朝廷社会では、祖先供養の法要を大きく二回にわけて行っており、命日正日に内輪で小規模に行う法事と、その前に外部にむけて行われる法要の二つにわかれていた。

---

* **仁王経会**　仁王般若会、仁王会ともいう。護国三部経の一つである《仁王経》を所依とし、一〇〇の仏菩薩像と一〇〇の高座を設け、一〇〇人の僧を請じ、鎮護国家・万民快楽などを祈願した勅会。

* **阿闍梨**　阿闍梨耶の略で、闍梨ともいう。密教の阿闍梨灌頂を受けたもので、阿闍梨耶の職位を得たものをいう。

* **伴僧**　法会、修法などの時、阿闍梨に随伴して読経などの役を行なう僧。また、一寺の住職に随伴する下級僧をいう。

* **供料**　供養とする金品。

そして後者の家以外の人も交えた法要は、家の継承者としてのデモンストレーション的要素を伴うものであったという（佐藤「葬送と追善仏事にみる摂関家行事の成立」）。

仁王経会以前の義詮追善について見ると、義詮の七回忌にあたる応安六年（一三七三）一二月一日には延暦寺・三井寺の僧侶を集めて、法華八講*が催されていた。しかしその後、延暦寺と幕府の関係が悪化した影響もあって、このようなかたちでの仏事は継続しなかった。

康暦二年（一三八〇）一一月七日には管領斯波義将と義堂周信のすすめで、等持寺で諸宗僧侶を一同に会して法華八講を行うことが決定（『空華日用工夫略集』）、以後、毎年行われることになった。このように義詮の追善は、等持寺での法華八講というかたちで行われていたのだが、父祖の悲願だった南北朝の合一を果たした明徳三年に追善が石清水八幡宮で仁王経会を行うというより大がかりな体裁に変更されており、ここから菩提追善意識の高まりを読み取ることができるだろう。

以上の考察から、南北朝合一後に菩提追善の思いが強まり、それが石清水八幡宮での仁王経会というかたちであらわれた。そして、父の没年にならんだ、応永元年からは連年の三十三回忌法要を挙行し、そして自身は出家するというように展開したことが明らかになる。追善意識の高揚は、先にも触れた通り、自身の延命とも密接に関わると考えられるが、実は父の没年に加えて、義満が寿命を意識するもう一つ重要な出来事が明徳四年に起こっており、次にこの点について見ることにしよう。

＊法華八講　法会の一つ。『法華経』八巻を八座に講説する講。御八講・八講・法華会ともいう。

二　後円融天皇の死

同級生たち　義満には、少なくとも三名の同じ年生まれの人間がいた。一人は一条経嗣《いちじょうつねつぐ》。＊彼は義満に朝廷の諸儀礼を案内した二条良基の子であり、彼自身も南北朝合一後に、朝儀の再興に心を砕くなど、父と同じ気質をうけついだ人物である。二人目が赤松義則で、彼についてはここまで何度か触れた通りである。

三人目で、義満について語る上で最も重要な人物が後円融天皇である。当初、二人は同年齢ということもあって親密だったが、幕府の実権を握っていた義満と、あくまで南朝に対するお飾り的な存在だった後円融とでは、衆人の関心はいやでも違っており、このことは両者の関係に亀裂を生むことになる。

冒頭でもふれた通り、永和元年（一三五七）の大嘗会御禊の際、付き従った廷臣たちが、見物していた義満にこびへつらう行動をみせていたが、義満も義満で、そのほかにも康暦二年正月二九日に行われた父後光厳の七回忌法要では、金や銀で作成したはなびらを撒き、衆人の注目を一身に集めていた。これは彼の黄金趣味がわかる最も早い例であり、この時期の義満の権力基盤がいまだ定まらなかったことも踏まえると、彼の黄金趣味が、端的に自身の財力を誇示し、周囲の関心を引こうと

＊　**一条経嗣**　一三五八～一四一八。将軍足利義持の時代、前将軍足利義満の在世中にわたって関白にほぼ在任した、将軍家の信任が厚かった。

する権力欲に基づくものであったことがよくわかる。このような振る舞いもあって、人々の関心はすでに政治の実権を握りつつあった義満に向かっていたのである。

三条厳子打擲事件

以上のような二人を取り巻く環境の変化を背景に起こったのが、よく知られる次の事件である。

永徳元年（一三八一）八月に後円融天皇が自身の妻である三条厳子《たかこ》*を打擲《ちょうちゃく》する事件が発生した。厳子は後小松天皇の母でもあったが、この時、後円融天皇との関係は微妙なものがあった。

事の発端は厳子の父三条公忠《きんただ》*のとった少々軽率な行動からだった。公忠は娘が天皇家に入室し、跡継ぎも生んだことから、本来ならば立場は盤石だったはずだが、現実には二条家の家計は火の車であり、そのために洛中の所領の家領安堵に奔走していた。その際、公忠は義満に所領の安堵を依頼したのだが、これが良くなかった。本来ならば洛中の土地全般は天皇が管轄し、安堵するというのが、形式的ながらもこの時期の常識だったからである。もちろん、この時期には廷臣たちも含めて、政治の実権が義満にあることを知っていたから、義満から安堵を獲得すれば、家領は安泰だとの目論見《もくろみ》があったわけであり、その意味で公忠は自身の利害に忠実だった。

しかし、公忠の思惑は外れ、義満から、京都の地の管轄は朝廷だとやんわり断られた。しかも義満は親切にも天皇に口入れをしてくれており、これが裏目にでてしまう。義父にあたる人間が、まず義満に安堵を依頼した事実は後円融にとって、お

＊ **三条厳子**　後小松天皇生母の通陽門院をさす。

＊ **三条公忠**　一三二四〜八三。一三六二年従一位に叙せられ、内大臣を辞し、以後現官には就かなかったが、朝儀典例にくわしく、公家の間で重きをなした。

もしろいわけがなかったからである。ここに至り、さまざまなかたちで蓄積していた後円融の感情は爆発し、厳子の打擲に至った。この事件以降、かつて後円融が有していたおおらかさは影をひそめるのである。

天皇の死

周囲の人間もこの事態に敏感に反応した。永徳四年（一三八四）一月三日のことである。「後円融院宸記《ごえんゆういんしんき》」によると、この時にはすでに後円融は心身に不調を来していたが、久しぶりに体調が良かった彼は帝王の楽である笙の習得につとめようとした。しかし、義満が師範である豊原英秋*を自邸に召し置いていたために天皇の召しにもかかわらず、人が来ずに笙の稽古が進まない。一事が万事、このようにして後円融の周囲には人が集まらなくなったのである。

その結果、後円融は自身の子供の養育にも無関心となり、諸事、義満が補佐せざるを得ない状況が生まれた。明徳四年（一三九三）には後小松天皇の詩歌御会始*が行われたが、いまだ楽を習わなかったために吹奏がない有様で、そのために義満は豊原量秋*をつれてその指導を申し出るほどだった。

このような中、四月二六日に後円融天皇が崩御する。享年三十六。義満自身の行動にも原因があるとはいえ、引きこもるばかりの後円融に対して、義満がいらだちのような感情を有していたことは確かであるが、天皇の早い逝去は義満に大きな影響を与えていたことが彼の次の行動から判明する。

後円融が死んだ翌日の四月二七日、義満は彼の死を弔った後に洛東の地に向かっ

* **豊原英秋**　一三四七～一三八七。南北朝時代の雅楽家。祖父豊原竜秋に笙をならい、一五歳で家伝の秘曲を伝授される。父豊原成秋の死後、かわりに鎌倉で足利基氏の師範役をつとめる。のち京都の室町将軍家の師範となった。
* **詩歌御会始**　毎年一月に皇居内で行われる新年最初の歌会。一般国民の詠進歌から選ばれた和歌が、天皇・皇后・皇族の詠歌とともに披講される。
* **豊原量秋**　相国寺供養で陵王の荒序舞を所作するなど、義満のお気に入りだった。

た。ある法会を修するように命じるためである。その法会とは普賢延命法《ふげんえんめいほう》。その名の通り、延命を祈願するため法会で、「随分の大法」といわれたものである。義満の向かった場所は現在の青蓮院の近くにあったといわれる十楽院《じゅうらくいん》＊であり、この時、普賢延命法を行ったのは、当時、十楽院にいた尊道という僧侶。義満からの突然の申し出を快諾した、この気の良い高僧は、のちに北山第で毎月繰り広げられた延命に関する修法を担当するなど、義満と親密の度合いを増していくことになる。

それはさておき、なぜ義満がこの日に自身の延命を祈願したのか。その理由は明らかだろう。同じ年生まれ天皇の死は、彼に対する追慕の念以上に、自身の死も自覚させたと考えられるからである。そして後円融の享年は、いやが上でもあと二年で夭折した父の没年に自分も近づくことを意識させたのではないだろうか。この事が後の義満の行動指針に延命という一つの項目を加えさせることになったと考えられる。南北朝を合一した際にわきおこりはじめた義満の出家の意思は、明徳四年の後円融の死に直面した時にはっきりとしたかたちになったといってよく、後円融は死して義満の人生に大きな刻印を残したのである。

＊　**十楽院**　京都市東山の大谷にあった天台宗の門跡であるが、現在は廃絶。青蓮院に近接していた。

Ⅳ

義満の京都を歩く

金閣寺

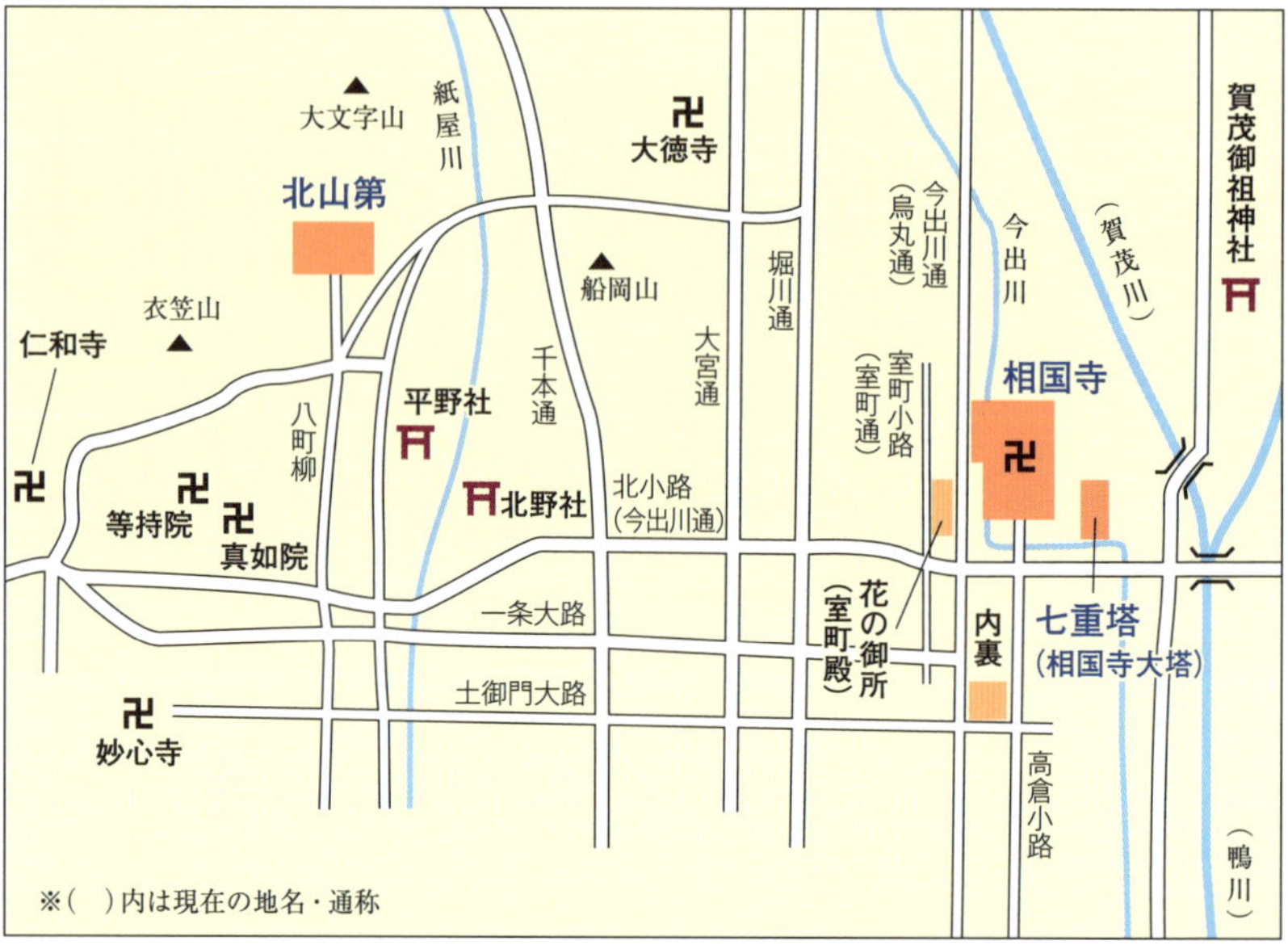

室町時代の上京・洛北略地図

相国寺

京都市上京区今出川通烏丸東入る
【交通】地下鉄「今出川」、市バス「同志社前」にて下車。

大叢林の時代

足利義満の強い意向によって、応永三年（一三九六）に延暦寺大講堂、そして応永六年には興福寺金堂の再建が成し遂げられたが、延暦寺大講堂の建立に象徴されるように、義満による再建事業の特徴は第一に巨大建築物の造営にあった。

なぜ巨大な建物が必要だったのだろうか。現実的な要請としては、まず儀礼へ全員参加させるという義満の嗜好が挙げられる。全員を建物にいれるには、物理的に大きな建物が必要だからである。

もう一つは少し意外ながら、これも寿命の問題と密接に関わっている。この点を理解するために、次の『空華日用工夫略集』の記事を参照しよう。

永和四年（一三七八）、義満は北小路室町の地に新邸を造営して、同所を居宅とした。このようにすみかを替えた結果、一つの弊害が生まれた。三条坊門にあった菩提寺の等持寺への行き来が少し不便になったのである。そこで義満は隣接する場所に菩提寺を建立しようと考えた。それが後に相国寺の名で知られる寺院なのだが、相国寺を造立するにあたり、その規模について義満は義堂周信に諮問している（永徳二年一〇月二一日条）。

「寺僧は五〇人か一〇〇人程度を常住させたい。私が住んでいる室町第からいつでも寺に参れるような寺院が作りたいのだ」

この問いをうけて義堂周信は次のように答えた。

「鎌倉時代には建長寺や円覚寺には一〇〇〇人近い僧侶が常住しておりました。南禅寺や天龍寺でもそうです。小さな寺を建てるのではなく、五山に並ぶものをお建てになられてはいかがでしょうか」

周信の思わぬ壮語に接した義満は、ここで一瞬ひるんでしまう。

「しかし、ない袖はふれないのだ。いまの財政状況でそんなことをすれば世人に笑われるのではないか」

周信はたたみかけて言う。

「いいえ、ただ願う力が強ければよいのです。今生ではむりとしても、他生にて必ずや成就されるでしょう」

最後の返答などは禅問答の極みとしかいいようがないが、周信の力強い後押しをうけて、義満は方針を大きく改めた。小さな寺院ではなく、建長寺《けんちょうじ》や円覚寺《えんがくじ》にも劣らない一〇〇〇人規模の叢林を作ろうと。これはすなわち、それだけの人数を収容可能な大寺院の造営を意味する。

そして周信は義満の心をくすぐることも忘れない。

「あなたはもう位人臣を極め、財もあるのですから、あと祈ることは長寿くらいなものです。今寺院を建立して仏教を興隆すれば、必ずや延命にも効果があるでしょう」

足利家は短命という義満の不安をとらえた上手なものいいである。義満の時代には、以後、北山第や相国寺大《だい》塔《とう》といった大規模な寺院の建造が相次ぐが、その基本方針はおそらくはこの時の周信とのやりとりに端を発しており、かくして人員の収容と自身の長寿を目的に、大叢《だいそう》林《りん》の時代が幕を開けたのである。

相国寺造営

しかし、義満が懸念した通り、相国寺造営はなかなか進まなかった。

永徳二年（一三八二）一〇月六日、相国寺の用地確保のために家屋が移転させられ、同月の二九日には法堂の柱が立てられ、一一月二六日には上棟されている。翌永徳三年には春屋妙葩を住持に任命するなど、ここまでは順調にことが進むが、工事はなかなか完成しない。督励の意味もこめてだろう、年末には義満自身が土木を手伝ったことが知られている。

翌永徳三年八月には将軍の休息所である小御所が新たに建てられている（「吉田家日次記」）。至徳元年三月一六日には仏殿の立柱が行われ、翌至徳二年（一三八五）一一月二〇日には完成したらしい。また嘉慶元年には鋳鐘会が開かれているから、この時には鐘楼が完成したのだろう。

明徳元年（一三九〇）には八講堂が完成している。冨島義幸氏の研究をもとにその概要を述べると、七間の大堂で南面していたこの建物は、相国寺の東南角、法住《ほうじゅう》院《いん》にあったといい、等持寺仏殿に倣った建物だった。翌月の四月二一日には足利尊氏の三十三回忌の法華八講が行われているので、建立の目的も足利家の先祖供養のためだったといえるだろう。これまでは菩提供養は等持寺にて行われていたが、その役割を、そっくりそのまま相国寺の八講堂にもってきたわけである。

なお、このときの尊氏の法要では、延暦寺、三井寺、興福寺、東大寺の僧侶が出仕しているから、八講堂は相国寺にありながら、純粋な禅宗の施設ではなかった。この点はやはり相国寺に附属しながら、顕密寺院の僧侶が法会を行った相国寺大塔においても同様であり、純粋な相国寺の施設ではなかった点に、これらの建物が現在、残されなかった原因もあるのだろう。

さておき、菩提追善施設として建てられた八講堂には、外形的に大きな特色があった。少し時代が下るが、『蔭《いん》凉 軒日録《りょうけんにちろく》』延徳三年（一四九一）一二月三日条には「此大講堂洞開、南方黄金為《なす》レ壁、白銀為レ床」とあり、南側の壁は金箔が全面に貼られ、床は白銀で装飾されていたことがわかる。南面が金色というのは、太陽の反射も意識してのことに相違ない。冨島氏はこの史料をもとに「こうした荘厳の在り方は、金閣へとつながるものであった可能性」があると的確に指摘している（冨島「等持寺仏殿と相国寺八講堂」）。先にも見た義満の黄金趣味の原型を示すものであり、相国寺八講堂はのちに建てられる金閣のプロトタイプといえる建物だったのである。

明徳二年（一三九二）四月一四日には法堂がようやく完成している。立柱から九年後のことである。ここに至り、寺容もようやく整いだしたのだろう、明徳三年八月二八日に相国寺の落慶法要が行われている。場所そのものは大きく変わらないとはいえ、八講堂や仏殿などは今は残されていないから、やはり当時の相国寺の威容は、現在のそれとは大きく異なるものがあった。

相国寺法堂

相国寺方丈

財源のはなし

明徳三年八月に一応、完成したかたちをとった相国寺だが、その直後に新しい造営計画が立ち上がった。すなわち同年一一月三日、義満は七重の大塔をたてることを決定したのである。このように相国寺造営事業は全体として長期化し、肥大化する展開を見せたのだが、それでは資金はどのようにして調達されたのだろうか。以下では、この資金について検討を加えることにしよう。

前著『室町幕府論』でも述べたように相国寺造営事業の当初は、守護たちの献身的な負担によって支えられていた。この負担は守護役と総称され、足利家と守護家のあいだの主従制的原理に基づく課税であるが、財政の柱が主従制を根幹にしていたこともあって、義満が従順な守護をもとめたことは、先に述べた通りである。

従順な守護の典型は播磨国守護赤松義則だろう。彼は義満と同じ年の生まれであり、幼少期の義満が一時、戦乱を逃れて赤松則祐のもとで養育されていた際に昵懇《じっこん》だったと見られることは先に触れた通りだが、その功績もあって父則祐《のりすけ》は、応安三年（一三七〇）には幕府の禅律《ぜんりつ》方頭人《がたとうじん》の任にあり、息子の義則《よしのり》も康応元年（一三八九）までに京都の警備を担当する侍所《さむらいどころ》の頭人を任されていた。明徳の乱での活躍ぶりも先に触れた通りであり、忠実な彼は義満の事業にも献身的だった。伊藤俊一氏によると、大塔造営にあたり、赤松の分国である播磨国の荘園に、相国寺材木引役という役が賦課され、負担の免除や減免を求める荘園領主たちに対して、守護である赤松家の家臣たちは「相国寺材木者《は》、天下之大事、諸国平均煩」と述べて、彼らの申し出を拒絶したという（伊藤「相国寺の造営と造営役」）。ここから、室町幕府関係者から大塔の造営が天下の大事だと認識されており、荘園領主たちもその主張を否定できなかったことがわかるだろう。この逸話は大塔がまさしく天下を象徴する塔だったことをよく示すと同時に、その天下を従順な守護たちが支えていたことも教えてくれるのである。

ところが応永元年（一三九四）九月二四日、相国寺は火災にあい、大塔を含めたほとんどが焼亡する。ここに至り、相国寺の再建、さらには大塔造営に再度とりかかるために、さらに大きな資金が必要になった。

しかし、守護たちはこれ以上の負担に応じられなくなっていた。伊予国守護で相国寺造営を負担するために上洛していた河野通能《みちよし》が、対立する細川一族から謀反の噂をたてられたり、伊予からの荷物の上洛を妨害されるなどのいやがらせをうけ、応永元年八月に心労で死去するなど、都市生活的な苦労も含めて限界に達していたからである。ちなみに義満に仕えた人々には、心労死や突然死が多く、嘉慶元年（一三八七）には摂関家の近衛道嗣《みちつぐ》が「心労繁多」で死去し、また義満側近の西大路隆躬《たかみ》は応永一三年一二月二二日に突然死している。さらに、日吉社参詣の際に遅刻した今出川実直がその二年後に死去したことも先に触れた通りである。都の公家たちでもこのような息苦しさがあったのだから、上洛したての守護たちにとってはなおさらだっただろう。在京生活の苦労も含めて、従順な守護たちもこのように追い詰められていたのである。

十分一役

　造営事業が長期化し、守護たちの我慢が限界に達するなか、この時に新たに採用された課税方式がある。それが最近、伊藤俊一氏が明らかにした十分一役であり、以下、伊藤氏の研究に基づき、この新しい財源について見ることにしよう（伊藤「相国寺の造営と造営役」）。

　この十分一役という制度は、五年を限って守護に管国内の荘園や武家地から、文字通りの年貢の十分一を徴収させる前例のない課税である。段銭のように大田文《おおたぶみ》に記された公田数ではなく、荘園領主が把握している年貢算用状に記された負担額の十分一を拠出させた点に特色があった。実施が確認できるのは、一色詮範《いっしきあきのり》の分国である若狭・三河の国と尾張国の一部、そして赤松義則の播磨・美作国である。一色詮範は明徳の乱で活躍した親衛隊の隊長で側近中の側近、赤松も従順な守護だから、近しい守護たちには十分一役というかたちが採用できたのだろう。一方、山城国、丹波国や東国では、従来通り段銭が賦課され、荘園領主ごとに上納されている。山城国にはこの時期は守護が設置されておらず、東国も鎌倉府との関係があったことは想像できるが、丹波国に段銭を賦課した理由などは不明である。

　そのほかにも応永元年（一三九四）には段銭の徴収も行われている。本来、朝廷の財源だった段銭は、室町幕府成立後も、用途は内裏造営など朝廷に関わる用途に限定されていた。しかし今回、相国寺造営を目的に段銭が賦課されており、総力を尽くして、相国寺および大塔の再建が進められたのである。

　さらに応永六年の大塔供養の際に、一〇〇〇名の僧の出仕が各権門寺院に割り振られたことは先に触れた通りだが、その出仕費用も段銭でまかなうことが認められた。財源における朝廷・寺社と幕府の区別はこの時期まではいちおうは厳密にわけられていたが、相国寺再建と大塔造立という大事業の前に、その境界もなしくずし的に取り払われたのである。明徳三年の南北朝合一、応永元年の日吉社参詣を通じた延暦寺の懐柔など、義満は天下を掌握して政権基盤を拡大していた。以上の実績を背景に、大塔造営は「天下之大事」と位置付けられ、このような前例にない財政策を講じることが可能になったのである。

相国寺大塔

追善の塔・天下の塔

義満が応永元年から五年にわたり、父の三十三回忌法要を繰り返したことは先に触れた通りだが、本当の三十三回忌に合わせて行われた応永六年の大塔のお披露目はその総仕上げといえる仕事だった。ではその三十三回忌法要は一体どのような様子で行われたのか。次にこの点について見ることにしよう。

義詮の三十三回忌法要そのものは、応永の乱勃発の影響で、例年通りの一二月二日には行われなかったが、それを除けば、応永六年という年全体で、義詮の追善が行われたといってよい。

その象徴が応永六年九月一五日に行われた相国寺大塔の落慶法要である。詳細は前著『室町幕府論』でも論じたが、義満は一〇九メートルの高さを有し、中世最大の塔の造立をもって、父の三十三回忌を大々的に弔おうとしたのである。そして、義満が大塔の建立計画を公にしたのが、明徳三年一一月三日、南北朝合一の翌月であり、この時に義満のなかで意識されはじめた天下の構想には父の追善も含まれていた。大塔は義満の天下のかたちを象徴的に示す建物だったのである。

法勝寺の塔を超える

巨塔の建立が天下の再興の意味も有していた点については、もう少し説明が必要である。相国寺大塔落慶法要の様子を記した『相国寺塔供養記』には、次の一文が添えられている。「さるはたかさも法勝寺《ほうしょうじ》の塔にはまさりたりとぞうけ給はる」と。この記述から、相国寺大塔造営にあたり、「法勝寺の塔」が意識されていたことがわかる。

この「法勝寺の塔」とはかつて白河院が四海太平を目的に建立した八角九重の塔であり、現在の岡崎の地にあった。その高さは八一メートルに及ぶ最大の塔だった。願主である白河院は、冒頭でも触れたように「天下三不如意」として「双六《すごろく》の目」「賀茂川の水」「山法師」を挙げたといわれる人物であり、多くの荘園や知行国を手中にするなど絶大な権力を掌握した人物だった。その彼が建てた塔はまさしく天下を象徴する塔だったのである。

この法勝寺の塔は、高層建築の宿命で落雷などにより数度の焼失にあったが、その都度再建されていた。しかし、康永元年（一三四二）に近隣在家の火事の延焼で焼け落ちてからは、南北朝動乱の混乱もあって、とうとう再建はされなかった。後白河院の時代から長きにわたって天下を象徴する塔であった法勝寺の八角九重の塔の焼失は世人を大いに嘆息させたようであり、例えば『太平記』は、法勝寺の塔の焼亡の記事に続けて、仏法も王法もかたちだけになり、天下はおおいに乱れ、朝廷も武家もともに衰微したと述べている。この時期に生きた人々の気分をうまく表現した記述である。

この点を踏まえると、義満による相国寺大塔が天下再興の一環であったことがよく理解できるだろう。法勝寺の塔が焼亡してから五七年が経過し、あらたにそれを越えた、新しい天下の象徴となる塔がここに誕生したのである。

そしてそれは白河院の偉業を越えなければならなかった。七重塔の初重には大日如来以下の金剛界《こんごうかい》の五仏、第二重には胎蔵界《たいぞうかい》大日如来が安置され、扉には二十四天像が描かれていた。これはすなわち両界曼荼羅《りょうかいまんだら》を象徴するものであり、冨島義幸氏は、このような塔の構成は、先に述べた法勝寺八角九重塔にも見られたとした上で、両界曼荼羅が初重と二重から

北山大塔基壇跡（推定）

構成される点に、相国寺大塔の新たな展開を見いだしている。つまり高さだけでなく、中身も法勝寺を凌駕することが意図されていたのである。

宗教界を統率する

新たな天下の象徴となる相国寺大塔の落慶法要の準備は、当然ながら念入りに進められた。まず参加する僧侶は、延暦寺から四〇〇人、興福寺から三〇〇人、園城寺、東寺、東大寺から各一〇〇人の合計一〇〇〇人の僧侶が招請されていた。先に義堂周信と義満の会話で、一〇〇〇人の僧侶を招請する法会が議論されていたが、義満はその師の教えを忠実に守っていたのである。これまでの研究が指摘するように、一〇〇〇人の僧侶が禅僧ではなく、南都北嶺以下の顕密の僧だった点はやはり重要である。先に延暦寺の懐柔に成功したことについて触れたが、この点も踏まえると、冨島氏が指摘する通り、今回の落慶法要が義満による宗教界の統括を意味することは明らかである。

このように南都北嶺をはじめとする顕密諸僧、いわゆる旧仏教の僧侶たちを集めて行われた大塔の落慶法要だが、その法要のなかで義満は単なる願主としてだけでなく、証誠《しょうじょう》という法会の中心的な役割を務めていた。これは、塔初層の内陣にまで入って法要を執り行う重要な役割である。願主であり、かつ法要の主役でもあったわけである。

儀式の主導役である導師は、天台座主の座にあった青蓮院尊道。後円融天皇が死去した時に義満の求めで延命供を執り行うなど、義満昵懇の高僧である。そして法語をとなえる呪願には仁和寺永助《えいじょ》があたった。この永助、応永二年九月一六日に義満が南都東大寺で出家した時に、義満の受戒《じゅかい》を担当した人物である（『大日本史料』七－二、五三五頁）。本来、戒を授けるのは東大寺か興福寺の僧の役割だったが、義満の命で永助が担当することになり、異例の受戒だった。実はこの時仁和寺御室は自身も受戒を行っていなかったのだが、義満の出家のために、前日の一五日に慌ただしく受戒を行っており、やはり義満に献身的な人物だった。宗教界のトップの座にあり、義満とゆかりも深い両名が落慶法要の重要な役をつとめていたのである。

幻の「相国寺塔供養絵巻」

　このように顕密諸宗を統括し、父の三十三回忌にもちなんだ儀式だけあって、演出も十分だった。大塔の前に舞台が設けられ、僧侶たちの入場を終えた後、十天楽が演奏され、菩薩、迦陵頻《かりょうびん》、胡蝶《こちょう》といった童舞が舞われた。極楽浄土の再現である。そして童子たちの手で、導師、呪願、証誠に花が渡され、仏前に供えられた。天上の浄土から、現世の義満が代表して花びらを受け取る演出である。

　さらに最大の塔の落慶法要に相応しく、塔上から散華《さんげ》が行われた。人々は高い塔から、降り注ぐ花びらをいやでも見上げることになり、それは義満の天下を仰ぎみることでもあった。その後に行われた舞楽でも、義満お気に入りの奏者たちが、演奏を繰り広げており、宗教、儀式、楽に至るまで、義満の志向が存分に発揮されたのが今回の落慶法要であった。

　ちなみにこの時の様子は、「相国寺塔供養記」としてまとめられ、現在に伝わっているが、この記録の最後には「御塔供養九月十五日儀式、絵所に課し書かせしめらるると云々」とあり、本来は「相国寺塔供養絵巻」とでも名付けられていた絵画も作成が予定されていたらしい（「醍醐寺文書」一三九函四五号）。現在、この絵が伝わっていないのは残念だが、おそらくそこには大塔の前で亡き父が果たせなかった天下の再興を、父の三十三回忌にあわせて成し遂げた義満の姿も描かれていたのに相違ない。しかし残されていな

北山大塔の前身の相国寺七重大塔の復元CG
（復元考証：冨島義幸、CG作成：竹川浩平）

いものを求めても仕方がない。相国寺大塔が象徴し、「相国寺塔供養絵巻」に描かれていたはずの義満の天下とその天下の行く末を、次に観光地としてもよく知られる金閣寺という空間にそくして見ていくことにしよう。

北山第・金閣

〔金閣寺〕京都市北区金閣寺町一
【交通】市バス「金閣寺道」にて下車

西園寺家の北山第時代

義満の寿命に対する意識が父の夭折《ようせつ》とその追善、そして同じ年生まれの後円融の早世を契機に強まっていた以上、出家後の北山第での生活が、追善と延命を柱に展開するのも当然だった。いっぽう、権力者としての実権も彼は、依然、有しており、以下では、この公私がないまぜになった北山第時代について触れることにする。

まず北山第の来歴から述べると、同所は義満の時代になってはじめて開発された宅地ではない。公家である西園寺家の別邸として鎌倉時代に造営され、それは西園寺家の栄華を象徴する建物であった。この点を次の事例から見ておこう。

北山第へ向かう道

弘安八年（一二八五）二月三〇日、北山第で西園寺家の栄華を象徴するイベントが行われた。それは西園寺実《さね》氏《うじ》の妻貞子の九十の賀である。この時には、後宇多天皇、後深草院、亀山院が参加しており、天皇自ら笛を奏でて貞子の長寿を祝ったという。なぜ天皇家の人々が廷臣の妻の長寿を祝福しに訪れたかというと、実氏とのあいだに生まれた娘の大宮院姞子《よしこ》が後嵯峨の中宮だったからである。彼女は、後深草と亀山を生み、亀山の息子が後宇多天皇である。歴代天皇たちは孫と曾孫という立場で、貞子の長寿を祝したのである。

実氏自身はすでに亡くなっていたにもかかわらず、天皇家の外戚としての地位を固めた西園寺家はこの時、権勢の絶頂にあったといってよい。しかし一〇〇年という時間は、西園寺家からかつての栄華を失わせるのに十分であり、その後、子孫である西園寺公宗が後醍醐天皇暗殺のうたがいで謀反の罪に問われるなど、家の勢いは退潮していた。そして応永二年、出家後の居宅を探していた義満は河内国の所領と引き替えに、西園寺家から北山第の地を手に入れたのである。

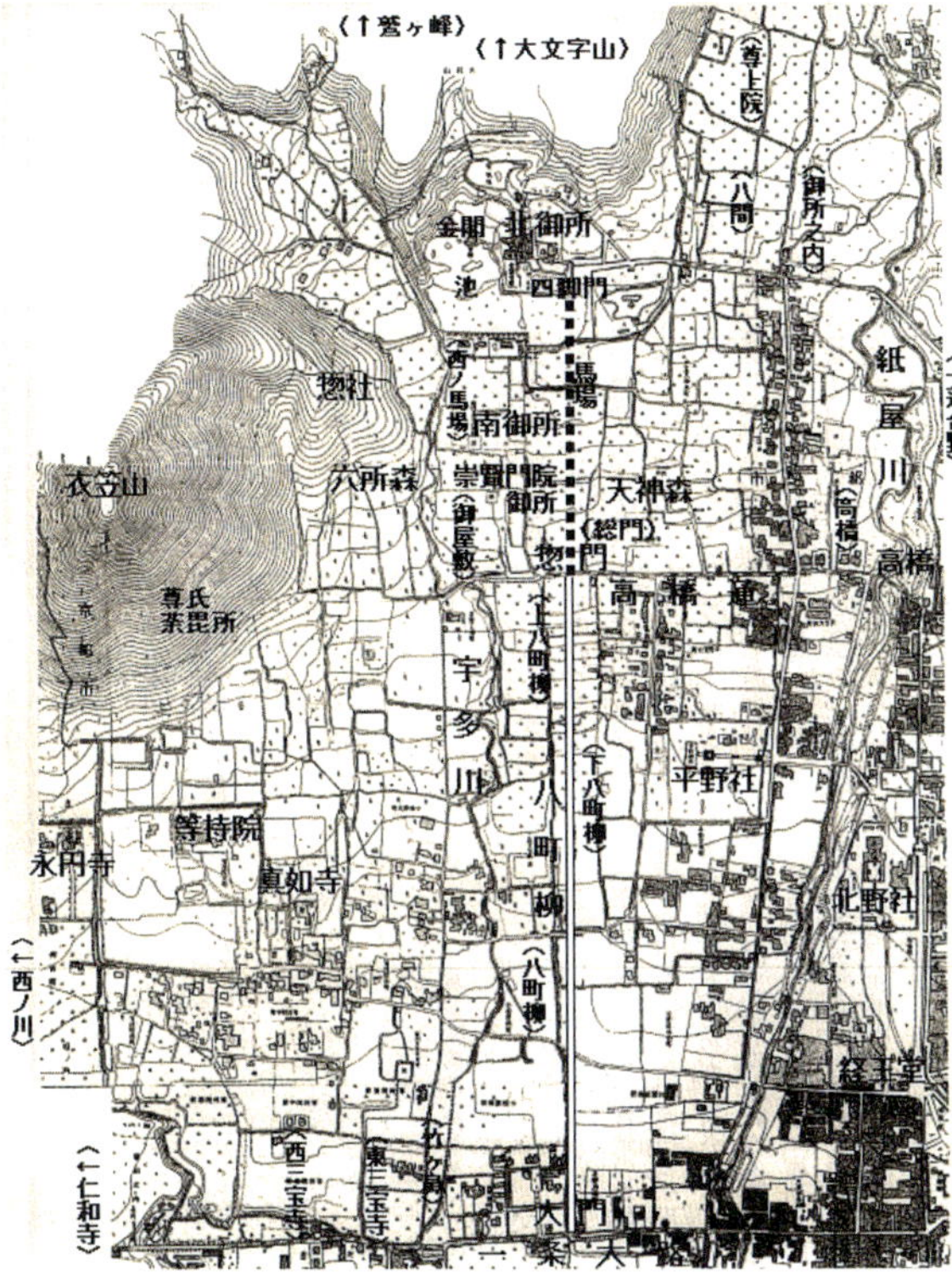

北山新都心復元図（細川武稔作成）

北山第ができるまで

応永四年（一三九七）四月一六日に、北山第で立柱《りっちゅう》上棟《じょうとう》が行われた。当初の北山第は、前の住人だった西園寺家の建物を転用したことが指摘されるから、この時の造作は、そのなかで唯一新造された金閣であった可能性が高いだろう。その一年後の応永五年ごろから、義満は北山第に出入りは

洛中洛外図の幕府と相国寺
国立歴史民俗博物館所蔵

「洛中洛外図」の金閣寺　国立歴史民俗博物館所蔵

していたが、居住空間としての体裁を整えはじめたのが応永八年である。同年二月には北山第で沙汰始が行われ、管領畠山基国以下、守護、奉行人が出席し、政務が行われていたからである。

　このように北山第が政治の場としても機能しはじめた応永八年以降、青蓮院尊道、聖護院道意、三宝院満済《まんさい》の住坊も設けられている。満済は、義満が出家した応永二年、一八歳の若さで醍醐寺座主・三宝院門跡となった僧侶である。この抜擢の背後に義満の後押しのあったことはいうまでもなく、彼はその後も義持・義教の三代に仕えた（森『満済』）。そのほかにも青蓮院の執事を務めた上乗院も同じく住坊を構えていたことが確認されている（細川「『北山新都心』に関するノート」）。

　金閣も含む義満の居住空間は北御所と呼ばれたが、そこから南の地域は、南御所と称され、そこには日野康子や、広橋家の出身で後円融天皇や仁和寺永助の母であった崇賢門院《すうけんもんいん》の居宅もあった。応永六年一〇月六日に崇賢門院の住まいであった梅松殿が火災で失われ、応永九年一一月一九日に北山第南御所内に御所を新造していたのである。判明する以外にも多くのひとびとがこの北山第の空間に居住していたと推測される。

応永一一年には、相国寺にあった大塔も北山第に建築された。現在、金閣寺には東から入るが、その入り口の右手、現在、茶屋などが設けられている場所に建てられたといわれている（東「西園寺四十五尺瀑布瀧と北山七重大塔（上）」）。当時、北山第は南に門がひらかれていたから、北山第に向かい北上する人々は、左に金閣、右に大塔を眺める格好だったわけである。巨大と黄金——北山第はまさしく義満の嗜好そのものをあらわす空間だった。

応永八年、足利義満の居所と行動

北山第での義満の生活を見るにあたり、そこでの暮らしが軌道にのりはじめた応永八年の動向からそれを跡づけることにしよう。

春（正月〜三月）

義満が元日をどのように過ごしたかは実はよくわからないが、一一日に義満は醍醐三宝院から北山第に帰ったとの記事があり、年明けから同所に参籠していた可能性がある。翌一二日には、斯波義将兄弟の邸宅へ赴き、一六日には義持と義嗣の二人の息子のために年始読書始を行った。これは去年からはじめられたものだといい、断続的ながら三月中旬まで続けられている。義満の息子への思い入れがよくわかるだろう。一七日には結城満藤邸で弓始を行っている（「迎陽記」）。

一七日から二四日までは北山第で尊星王法《そんしょうおうほう》をとりおこなう。研究上、北山第大法と概念化される法会であり、義満の信頼があつい聖護院道意、青蓮院尊道の両名が持ち回りで、毎月、七日間をかけて行われた。この年は史料的に確認できないが、北山第大法と同時に陰陽道祭も陰陽師の私邸で行われることが多く、またそのほかにも仁和寺永助らが隔月で自坊で行う廻祈祷や、北山第で毎月行われる廻護摩もあったから、おそらくこの時にも挙行されていたと考えられる。法会結願の二四日には多くの公卿たちが北山第に参じている。当然、遅刻は厳禁で、真新しい装束に包まれての北山第参りだったに相違ない。この日には閻魔天供《えんまてんぐ》も行われたようだ。三〇日には義満は参内して後小松天皇に拝している（「迎陽記」）。

　この年の閏月は正月で、正月が二回ある年だった。閏正月一二日に義満は廬山寺《ろざんじ》へ赴き、一七日～二四日まで北山第にて聖護院が不動法を修し、陰陽師の私宅では泰《たい》山府君祭《ざんふくんさい》が執り行われた。二七日には賀茂にて蹴鞠《けまり》（迎陽記）。二月三日から法華懺法《ほっけせんぼう》を催し、さらに四日には二条師嗣《もろつぐ》百ヶ日供養として経供養を行い、その後、妙法院宮と侍所所司代浦上美濃入道邸へ赴く。ちなみに同日には朝廷で五穀豊穣を祈る祈年祭が行われたが、義満は出席しないものの、それには九三貫五〇〇文を助成している。六日には甲斐美濃守邸へ（「吉田家日次記」）。

　九日からは北野社に参籠し、翌一〇日には一日千句を興業している。義満が北野から帰った時期は不明だが、一四日には今度は日吉社へ参籠し、一六日には舞童、神

龍門の瀧

金閣寺

楽が執り行われた。参籠三昧である。いうまでもなくこの時には日吉社、延暦寺は従順である。日吉社からの帰路に細川満元邸へ向かい、同日中に北山第へ帰宅したと見られる。翌一七日には北山にて御前沙汰始《ごぜんさたはじめ》が行われたから、そのための打ち合わせだろうか。その沙汰始では、斯波義将が信濃国守護に任命されている。一八日には北山で七仏薬師法。一九日に等持寺で花見。二〇日には石清水八幡宮の強訴がおこり、それを慰撫するためだろう、二二日に義満は石清水八幡宮に参詣している。政治の勘所は外さない義満である。

二月二三日には仁和寺永助の招きをうけ、青蓮院尊道とともに仁和寺へ。同所で寺宝などを見ていたらしい。二四日には徳大寺実時邸へ。二五日は大原野、西芳寺にて花見。

三月三日は東方清流祭を催し、翌四日には若王子へ向かう。これもおそらくは花見だろう。五日には相国寺を五山の第一とすることを決定。同日には焼亡した内裏再建事業について伝奏坊城俊任《てんそうぼうじょうしゅんにん》と相談し、造内裏奉行を葉室定顕《はむろさだあき》に決定する。六日には定顕を北山に呼び、奉行に任命するなど政務が続く。八日にはこの時に管領として義満の政務を支えていた畠山基国のもとへ赴き、大飲する。右にみた通り政務が続いていたから、今でいう打ち上げ的な意味合いもあったのだろう。九日には泰山府君祭、翌一〇日には大般若経読誦を命じる。一九日に池尻殿《いけがみ》とのあいだに娘が生まれた。しかしこの女子のその後の動静は明らかでなく、あるいは夭折したのかもしれない。なおこの月の廻祈祷は東寺で行われ、その加持の対象は義満と後光厳天皇室で後小松天皇の祖母である崇賢門院広橋仲子だったという（家永「足利義満・義持と崇賢門院」）。義満と彼女の関係については後述するが、春は恒例の花見に加え、政治案件が多く発生し多忙だった。

夏（四月〜六月）

四月と五月は一転して祭礼見物や参籠に忙しい。

義満は四月一三日には日吉社に参詣し、翌一四日には賀茂祭も見物している。五月にはまた坂本を訪れ、五日に開催された山徒の祭礼である小五月会《こさつきえ》を見物。帰路に賀茂の競馬も見物している。祭礼のはしごである。五月六日付で、興福寺と久米田寺のあいだで繰り広げられていた裁判の判決を記した御判御教書に自身の花押を据えているから、この時は北山第で政務をとっていたと見られる（後述）。

一二日には再び坂本に赴き、一九日まで日吉社へ参籠。その間、一三日付で明への国書を作成し、祖阿と肥富を明に派遣することを決定している。これ以後、念願の明との貿易が開始されるが、この点は後述する。一九日に北山へ帰り、二一日の夕刻から北野社へ向かい、二七日まで参籠。二八日から北山で如法経会。この法会には義満も強い興味を示したようで、六月二〇日まで長期にわたって行われており、五月三〇日には自身も法会で調声を勤めている。実はこの時の法会は後小松天皇の加護を祈祷したものであり、最終日の六月二〇日には先にも触れた崇賢門院広橋仲子と後小松天皇の母である通陽門院三条厳子が出座している。家永遵嗣氏も指摘するように、この時の天皇家は義満が丸抱えで支える状況にあった。もちろんその間、禁足だったわけではなく、六月七日には祇園会見物に出歩く。

秋（七月〜九月）

六月二三日から七月一日にかけて北山で五壇法。今回も担当は聖護院。七月七日には北山で花御会。七〇名が参加し、各一瓶を持参している。詳細は不明だが、義満の目にとまろうと各人、花や花瓶に趣向をこらしたと想像される。七月一一日には青蓮院のもとへ。一六日には禅僧の人事を決定し、一麟一庵を南禅寺住持、絶海《ぜっかい》中津《ちゅうしん》を相国寺住持に任じた。中津は相国寺を五山の第一にした立役者の一人であり、論功行賞的な人事といえる。彼の入院にあたり、義満は同日、相国寺に赴き聴聞している。なお、この一六日には聖護院の北山宿所が完成、同年の冬には青蓮院の北山宿所も完成している。この両名はいうまでもなく、北山

金閣寺より衣笠山を望む

第大法の導師をつとめたから、宿所の完成は法会出仕の利便性を高めたことだろう。二四日から北山にて尊勝法。本来なら聖護院の番であったが、今回は青蓮院と交代している。聖護院の北山宿所が完成した直後の時期だったから、彼の多忙さを考慮したのかもしれない。義満の動静からは時々、このような気配りのようなものがうかがえ、権力者にして気配りの人という姿が垣間見れる。

　八月一日の八朔《はっさく》の儀である。これにあたり、義満は北山で諸人から進上をうけている。八朔とは八月一日に行われる贈答儀礼で、現在のお中元の起源といわれる風習である。この時、東坊城秀長は「仮名貞観政要《けみょうじょうかんせいよう》」を進上している。三日には内裏の造営が開始され、同日から一〇日まで熾盛光法《しじょうこうほう》。四日には北野祭を見物。九月三日には金剛童子法と天曹地府祭《てんちゅうちふさい》。大法と陰陽師祭セットでの挙行である。一四日には宇治で松茸を賞翫《しょうがん》。一六日には明から帰国する貿易船を見物するために兵庫へ向かい、二六日まで同所に滞在する。

冬（一〇月〜一二月）

一〇月二一日には仁和寺永助が廻祈祷を担当。仁和寺で修した後に、北山第に出向き義満に後加持を行ったとみられる。一〇月二八日に、醍醐寺の僧満済が、東寺からの訴訟を北山第の義満に取り次いでいる。この相論は東寺と松尾社のあいだで争われていたものだが、義満はこれをうけて同月同日付で東寺の勝訴を認める下知状《げちじょう》を発給している（「植松方評定引付」、『東寺文書集聚英』四三三号、松園「東寺領山城国植松荘の伝領と相論」）。この年の記録には遺されていないが、例年だと一〇月に高雄などに出向き紅葉を観ているから（応永一四年など）、この年も紅葉狩りに出かけていた可能性は高い。

石不動

　一一月は記録が少ないために動向

は不明である。一二月一日には北山第惣社《そうじゃ》で神楽を奉納している。ここからは義満の年中行事からの推測だが、おそらくは一二月二日には父義詮の命日に向けての法要、そして七日は命日法要を行った後、一二月八日はこれも恒例の北野社参籠が行われたと推定される。なお後年、遅くとも応永一〇年段階では毎月一日と一五日に家臣のお目見えを行っている。応永八年段階でこのようなお目見えが公式行事化していたかは不明だが、数年後には、義満の居所と行動にこれらの儀式が付け加わることになるのは確かである。

法会と遊興

以上、応永八年における義満の活動を見てきた。今から六〇〇年も前のことで、残された史料からの復原という点に限界があるのはもちろんだが、それでもここには北山第での生活の特徴がよくあらわれている。

まず気づくのが、毎月北山第で法会が行われている点である。これだけでなく、仁和寺などで廻祈祷と陰陽師の邸宅で陰陽道祭も毎月行われていた。これらの法会についいて、従来は朝廷の祭祀に対抗する、新たな公的な祭祀であると評価されてきたが、近年、これらの法会は義満の身体護持を目的とした個人的な意味合いの強い法会であることが大田壮一郎氏らにより明らかにされている。また祈祷要は自身の延命のための法要だったのである。また祈祷の対象に、後小松天皇およびその祖母である崇賢門院広橋仲子《なかこ》が含まれていたが、この事実を明らかにした家永遵嗣氏は、義満の母良子と仲子が実の姉妹であったと見立てた上で、義満の行為を同族意識に基づくものと指摘している。

このように北山第時代の法会が、自身と一族の延命のために行われていたと最近の研究は見ているわけだが、毎月催される大法に多くの僧侶が動員された結果、天皇が主催する朝廷の祭祀が低迷し、形骸化することになった。

次に注目したいのは北野社への参籠である。先に指摘した通り、義満が北野社に参籠した回数は三四回にも及び、このことは彼の北野信仰の篤さを示しているが、参籠した日にちを確認すると、少なくとも二つの法則が読み取れる。

一つは二月九日である。この日にちが何を意味するかはわからないが、参籠中、多く連歌会が催されており、連歌のための参籠であったことは確かである。

もう一つは一二月八日である。これは亡父義詮の命日の翌日である。義詮命日の法要は例年、一二月二日から行われており、七日の本命日の法要がおえた後、休養もかねて一人で菩提を弔っていたと推測される。臨時の参籠もあるとはいえ、基本的には北野社参籠は義満の年中行事のなかに組み込まれていたのである。

二月の北野社参籠は法会と遊興がないまぜになった感があるが、遊興そのものも多い。花見や七夕に行われた花御会をはじめとして、義満は花が大好きだった。また例年だと、一〇月に高雄などに紅葉を観に行っている。後述するが、北山第には、各所から桜が移植されており、春の北山第は桜の御所といってよいほどであった。

空想の北山第庭園

このように当時の北山第には桜が植えられていたことがわかるのだが、現在の金閣寺では桜はあまり見当たらない。この点に庭園史研究の難しさがあるわけだが、現存する寺院に付属する庭園は、当時の姿を残すものは少ないのは当然であり、寺院もそこに居住・管理する人の嗜好と意向に応じて姿を変えるからである。

しかし、それゆえに復元も難しい。かつての庭園跡として知られるのは一乗谷の朝倉氏庭園や京極氏の庭園跡などであり、そこにはわざわざ運び込まれた巨岩と池のあとが残されるのみである。そこにどのような草花や木々が植わっていたかは、よほどのことがない限りわからなく、当時の植生を知ることは困難である。

義満お手洗いの水

ただし当時の北山第庭園の全貌を知る上で、一つ気になる史料がある。一五世紀後半に遣明船を派遣するにあたり、現地で獲得すべきもののリストが作成された。そこには、珍しい動物は、途中で死ぬので獲得しなくてよいが、草花の種はひきつづき取得をめざすように、との一文が記されていた。遣明船といえば中国の皇帝から回賜品《かいしひん》をうけとることが大きな任務だが、それ以外にも現地で、物資を購入することも多かった。その際に草花への強い関心が記されているのである。

問題はそれがいつから行われたのかという点である。この問いに答える史料はないが、以上のような義満の花好みからすれば、初期の段階から草花は輸入されていたのではないだろうか。これも伝承だが、現在、仁和寺の先にある平岡八幡宮には花天井が残されており、それは本来、義満の意向で作られたといわれている。推測とするには論拠が乏しいが、北山第庭園には和漢の植物が植えられていたというのが私が空想する庭園である。

ベビーラッシュ

本題に戻ろう。三月に女子が生まれたことが確認できるが、先にも触れた通り、多くの息女を成したことも出家後の大きな特徴である。この点を臼井信義氏が作成した子女一覧表をもとに確認すると、義満最初の子供は、永和三年（一三七七）に日野業子とのあいだに生まれた女子である。しかし、残念なことに彼女は夭折《ようせつ》してしまう。次が加賀局とのあいだにもうけた男児で、のちに青蓮院に入室して尊満《そんまん》となった子である。この時、義満は二四歳。さらに彼が二八歳になったの至徳二年（一三八五）に加賀局とのあいだに男子（夭折）、至徳三年には藤原慶子とのあいだにも男子をもうけている。後の義持である。

このように比較的順調に子供をもうけた義満だが、その後、記録上、児童の出生は見られない。動きがあるのは応永元年（一三九四）であり、藤原慶子とのあいだに義教を、そして藤原量子とのあいだに男子をもうけている。応永二年から四年には女児四名、男子一名の出生が確認できる。女児三名はその後、大慈院、入江殿などの女院御所《にょいんごしょ》に相次いで入室し、男子は仁和寺に入室して、法尊となのっている。この傾向は北山第に居を移してからも加速し、応永六年から一三年にかけて、男子五名、女子一名をもうけている。実に義満が四二歳から四九歳にかけての出来事である。このように見ると、出家してからのほうが、子造りに積極的な義満の姿が浮かび上がるが、なぜだろうか。その意味については、本書の最後に論じることにしたい。

北山第での政治

このような遊興と法会三昧の暮らしのなかで、政治はどのように位置づけられていたのだろうか。

応永二年、父義詮の没年と同じ年齢に達した義満が出家したことは先に述べた通りだが、このことは政治からの引退を意味しない。この点を上記の居所と行動から見ると、三月五日には内裏再建の奉行選定を北山第にて行っていたから、案件が発生した場合、関係者を集めて、事にあたっていたのだろう。

裁判の審理も行っているが、裁判の日程が一定の日に定められているようには見えず、またその手続きも前代と異なっていた。祖父尊氏や父義詮の時代の訴訟制度は、所領相論や刑事訴訟、さらには再審申請など案件ごとに訴訟機関が設置され、審議されていたことはよく知られている。しかし、義満の時代には、前代では裁判を審理した引付《ひきつけ》という機関の活動が低下し、義満への個別的な伺いをたてる属縁的なものに変化していた（山田「室町幕府所務沙汰とその変質」）。案件を受理すれば、適宜、審議を行うかたちだったわけだが、このような裁判のあり方は、当然ながら、裁判の取り扱い規模の縮小をもたらしたと考えられる。追善と延命の法会に明け暮れた当然の帰結といえるが、義満には法や裁判などの制度の維持・継承という視点は希薄だったようである。

さて、ここで確認しておきたいのは、裁許状の日付が審議が行われた日と同じである点である。これを踏まえれば五月六日付で出された久米田寺の相論裁許状も、判決が下された日だということになる。この文書発給の日付＝審議が行われた日という、あたり前に見える事実を確認したのも、次に見る、義満の政治を考える上で興味深い事例の分析で効果を発揮するからである。この点を詳しく論じてみたい。

国書をいつ作成したのか

居所と行動で示した通り、応永八年（一四〇一）五月一三日の早朝、義満は北山第を出て日吉社へ参籠した。その供奉《ぐぶ》には、お気に入りの慶賀丸や、やはりお気に入りの陰陽師である土御門有世を同伴していた。この時、道教にもこっていた義満は、その作法である反閉《へんばい》の作法に執心しており、その指南をうけるための同道である。もちろん公卿も同伴しており、洞院実信、広橋兼宣、中院通守などは前日から坂本入りして用意を調えていた。そのほかにも青蓮院尊道とその執事である上乗院乗朝も同道し、義満と童の好みも似かよっていた尊道は童の帯同が特別に許されていた。日吉社参籠では、これまでと同じように、童の舞踊などの歓待をうけたに相違ない。ここでも信仰と遊興は一体化されていたわけだが、ここであらためて確認しておきたいのは、そこではやはり政治も一体であったという事実である。

　義満の日吉社参籠は、五月一三日から一九日まで行われたが、実はこのあいだに、よく知られる次の文書が作成されていた。

日本准三后道義書上
大明皇帝陛下日本開闢《かいびゃく》以来、無レ不二通聘問《げいもん》於上邦一、道義幸秉二国欽一　海内無レ虞、特遵二往古之規法一、而使肥富、相二副祖阿一、通レ好献二上方物一金千両、馬十匹、鎧一領、扇百本、薄様千帖、屏風三双、筒丸一両、剣十腰、刀一柄、硯筥一令、文臺一箇、捜二尋海嶋漂寄者一幾許《いくばかり》人還レ之、道義誠惶誠恐頓首頓首謹言
応永八年五月十三日

これは朝貢再開目的で作成された国書である。原案作成は東坊城秀長《とうぼうじょうひでなが》、清書は世尊寺行俊《ゆきとし》の手になるものである。橋本雄氏によると、この書面の特徴として、従来、明がこだわっていた上表文の要素が見られず、丁重な書簡文に過ぎないことが指摘されている。この時期、大陸の明王朝は動揺しており、時の皇帝である建文帝は叔父の燕王朱棣を警戒する状況におかれていた。そのことを見越して義満は、このように少し薄礼な外交文書を送ったというのである（橋本『なぜ、足利将軍家は中華皇帝に「朝貢」したのか』）。

　ここで問題にしたいのが、この国書の日付である。当然、義満が主体となる国書だから最終確認は彼が臨席のもとで行われなければならないが、この時彼がどこにいたかといえば、北山第ではなく、参籠先の日吉社だった。つまり、このよく知られた国書は、日吉社で作成されていたのである。とすると、今回の突然の参籠の目的とは、国交再開を祈願するためだったという推論が導き出され

る。そしてその甲斐もあって、明から朝貢をうけることに成功したことは右に記した通りである。異国との通交開始を日吉の神に祈る――。まさしく神頼みの外交戦略だったといえるわけだが、おそらくここにはよくいわれるような、朝貢貿易が国家として屈辱的だといった考えはみじんもなく、大陸の文物への強い興味のみが義満を突き動かしていたのに相違ない。自己の欲望のもと、信仰・遊興・政治が一体となった点に、北山殿義満の生活の特質があり、国書作成のプロセスはその事実を端的に示しているのである。

北山第行幸

日明貿易の開始は、幕府に莫大な富をもたらし、利益の一部は、北山第の改修工事にも用いられたと推定される。この点を前著『室町幕府論』などをもとに簡単に触れると、応永一一年（一四〇四）には北山第第二期工事が着工され、前年に火事で焼亡した相国寺大塔の北山第での再建が進められると同時に、応永一三年には北御所の寝殿の建て替えなどが進められ、翌年六月二一日には完了している。

このように貿易利潤の恩恵もあって資金の問題もひとまずは解消され、北山第が壮麗さを極めるなか、応永一五年三月八日に後小松天皇の北山第行幸が行われた。当初は二月二八日に行われる予定だったが、花がまださかりでないことを理由に三月八日に延期されてのことである。この日程の変更理由からうかがえるように、北山第行幸の大きな目的は花見だった。花を愛でつつ、遊興の限りを尽くそうとしたわけである（石原「北山殿行幸再考」）。先例とされたのは永徳元年に行われた後円融天皇の室町第行幸であるが、この時の行幸が三月一一日から一六日までの五日間だったのに対し、今回の北山第行幸は、二〇日間もの日数が費やされるなど、規模を拡大した点に今回の行幸の大きな特徴があった。

そしてもう一つの目的は、息子義嗣の朝廷社会に対するお披露目である。では、このような思惑も含んだ今回の行幸は具体的にどのように行われたのだろうか。その日程は次のようなものだった。

八日　行幸
九日　内々御遊

一〇日　内々御遊
一一日　連歌
一二日　崇賢門院御所へ行幸
一三日　内々御宴
一四日　舞御覧
一五日　崇賢門院で申楽
一六日　内々御宴
一七日　蹴鞠
一八日　蹴鞠
一九日　内々御楽
二〇日　三船御会
二一日　連歌
二二日　崇賢門院御所へ行幸
二三日　和歌御会
二四日　早歌聴聞
二五日　蹴鞠　白拍子舞御覧
二六日　内々御宴
二七日　白拍子舞御覧
二八日　還幸

このように長期間にわたり行われた行幸だったが、そのメインイベントの一つが一四日に行われた舞御覧である。そこでは青海波《せいかいは》が演じられており、この一大イベントを中心に今回の行幸の意義を見ておこう。

青海波

青海波を演奏するにあたり、義満はおおよそ次の二つのことを意図していた。一つは、演舞者を童にしたことである。すでに何度もふれてきた通り、これは自身の嗜好にかなった演出である。

もう一つは、古典の忠実な再現である。青海波は中世後期によく演奏され、後醍醐天皇の元徳三年（一三三一）の舞御覧、永徳元年（一三八一）の後円融天皇の花御所行幸でも演奏されたが、簡略化された箇所も多かったという（三島「御賀の故実継承と「青海波」小輪について」）。しかし、今回、義満は省略なしに再演しようとしたのである。

童については、一乗院と大乗院の興福寺両門跡が調練にあたり、さらに一〇〇〇人の大衆の出仕も求められていた。先に東寺の僧侶五名が出仕した際の負担について分析したが、これを考慮しても、今回の割りあてが興福

舞楽図　宮内庁書陵部所蔵

寺と、その所領の住人にとってきわめて大きな負担だったことは容易に想像できることである。興福寺が今回の北山第行幸で、このように過大な負担を担った背景として、三田村雅子氏は、興福寺に舞童の伝統を伝えていた可能性と、義満愛童の一人、御賀丸と興福寺の対立を融和させる目的があったことを指摘している（三田村「足利義満の青海波」）。後者を補足すると、大和国出身の御賀丸が応永一一年に東寺領だった大和国河原《かわら》城《じょうの》庄《しょう》を強引に買得・知行して以来、大和国の実質的な守護だった興福寺との間で緊張が高まっていた。舞童の調達だけならまだしも、一〇〇〇名の大衆の上洛が、義満愛童と対立した対価だったとすれば、それはあまりにも高い代償だったが、義満の権力を前に、興福寺もその要求を飲まざるを得なかったのである。延暦寺同様、興福寺にとっても、強訴は遠い昔のはなしとなっていた。

　さておき、このような興福寺の苦労にはおかまいなしに、刻限になって楽人と見学者たちが徐々に参集してくる。随身たちも、袴《はかま》に藤と躑躅《つつじ》の花をつけており、今回の行幸が基本的に花見であることにちなんだ装飾だった。衣装のはなしが出たところで、費用について触れておくと、例えば、上童賀安丸の装束はあわせて六〇貫文、現代でいえばおおよそ六〇〇万円相当の費用であり、一代の衣装、室町のオートクチュールというに相応しいものだった。

　そして一〇〇〇人の興福寺大衆の登場であり、これを迎えるために義満、義嗣、そして御賀丸が門に出て、彼らを迎えた。鬨《とき》の声をあげながら参向する大衆の姿は、さぞかし圧巻だっただろうが、先の状況も踏まえれば、これは義満・御賀丸と興福寺の上下関係を確認する、事実上の臣従儀礼でもあったこともよくわかるだろう。

華やかな古典復興の背後に、大和国をめぐる幕府の政治が隠されていたわけだが、それからがいよいよ演舞の開始である。演者たちはそれぞれの配置に付き、楽行事は、左方は山科教興《やましなのりおき》、右方は田向経良《たむかいつねよし》の両名がつとめた。最初に奏された春庭楽では、左方からは亀若丸、右方から麗若丸が登場して舞い、次が萬歳楽で左方から童六人、そして地久では右方から同じく童六人が舞を披露している。

そしていよいよ青海波がはじまる。笙で無色調が吹かれ、横笛で序にあたる輪台が奏される。続いてが破にあたる。青海波であり、尊満丸と慶満丸を筆頭に舞人たちが登場する。今回の演奏で圧巻だったのは五〇名の童と殿上人を動員して行われた垣代《かいしろ》である。垣代とはその名の通り、人が垣の代わりになるもので、屋外での演舞の際に、人が一種の幕となり、舞台替えの役割を果たしていた。これまでの青海波では省略されていたが、今回、垣代の復活が一つの目玉だったのである。

垣代として、御賀丸を筆頭に義満の上童が一〇名、諸門跡から一〇名、さらに殿上人から一三名、南都から呼び寄せられた舞童から一七名の合計五〇名が登場した。垣代の人数はこれまでは四〇名が最大だったから、それを上回る人数が動員されたのである。

垣代を務めた殿上人のうち、楊梅兼英《やまももかねひで》は篳篥《ひちりき》、山科教豊は笙、山科教高は笛、藤原孝長が琵琶の演奏を担当したが、特筆すべきは琵琶であり、懸け琵琶と呼ばれる琵琶を首にかけて演奏する手法で演奏が行われた（図版参照）。要は琵琶をギターのように演奏するものである。そして舞楽の場合、通常、演奏が管楽器だけで演奏されていたことを踏まえれば、弦楽器の加入は、演奏に厚みをもたらすことになっただろう。それ以外の垣代たちは反鼻《へんび》という巴型の木製打楽器を携えており、それをバチで打ち、拍子をつけていた。反鼻の賑やかな拍子に、弦の加入で厚みを増した演奏。垣代役の人々は舞台装置兼演奏者という二役を果たし、屋外での舞台にメリハリを与えていたのである。

肝心の垣代の様子については、この時の行幸を記した『北山殿行幸記』は輪台の輪がつくられ、大輪、小輪、平立ちもあったと述べるのみで記述が淡泊である。そこで三島氏の研究により補足すると、楽屋から出て庭中を大きく一周するのが大輪であり、次に南面する主催者の前で東西に二つの輪をつくるのが小輪である。その際に、北山第に植えられていた桜の枝を手折り、また錦を裁ち切るなど、垣代の人々が回るほどに華やかさを増す演出がなされていた。このように躍動感に溢れたかたちで青海波は再演されたのである。

一代の古典復興が成し遂げられた後、賀殿が舞われ、残楽が演奏される。笙は義満、笛は山科教遠《のりとお》、篳篥は今小路満冬《みつただ》、琵琶は栄仁《よしひと》親王《しんのう》、筝は栂尾義仁親王、簾中に北向局と増位局という構成である。両親王はいずれも皇位継承者であった。以上の登場人物からすれば、残楽という名称とはうらはらに、こちらのほうが本番だったかのようにも見える。義満と後光厳流の天皇家が同族意識のもとで結合していたことを先に見たが、その範囲をさらに崇光流にまで広げて天

舞楽図　宮内庁書陵部所蔵

舞楽図　宮内庁書陵部所蔵
前列右４人の持つのが反鼻。後ろに懸け琵琶がみえる。

皇家の融和が演出されていたのである。興福寺の処遇だけでなく、ここにもう一つの政治が隠されていたといえるだろう。

北山第行幸の意味

今回の北山第行幸は、その日程の長さもあって盛大と形容されることが多い。確かに、今回の行幸が贅を尽くした催しだったことは間違いないが、いっぽうで実際のところ天候にも恵まれず、内々の御宴ばかりで間延びした行幸であったことにも気づかされる。メインイベントの一つであった舞御覧も、本来は行幸のあった八日に行われる予定だったが、雨や日取りの悪さなどを理由に行われたのは十四日だった。では一体なぜこのように散漫だったのだろうか。

舞御覧の不自然な延引の要因として、石原比伊呂氏は、笙を担当する義嗣の技量不足を推測している。義満は楽器もこなし、朝廷儀礼の手順にも詳しく、さらには仏事で自ら経を読むほどの才人だった。しかしそもそも祖父尊氏や父義詮が、朝廷の儀礼などの煩雑さをうとましく思っていたことを想起すると、すんなりと楽器を演奏した義満はむしろ例外だった。

仏事に関しても、青蓮院に入室させた息子尊満も、理由が不明ながら青蓮院を出てしまっているから、こちらも修学上の何らかの問題があったと推測される。義満がひとりでできたことを、子息たちはなかなかできない――。この点は義満にとって、悩ましい問題だったのではないだろうか。

北山第行幸については、かつて王権簒奪の総仕上げの舞台としての意味づけを与えられてきた。しかし、最近の研究では、王権簒奪の意図そのものに否定的であることは先述の通りであり、今回の行幸についても、義嗣を次期天皇としてお披露目することが目的でなく、単に朝廷社会へのお披露目に過ぎなかったことが指摘されている（石原「北山殿行幸再考」）。

「総仕上げ」との表現からもうかがえる通り、王権簒奪論では、天皇位が義満の最終的な目的に据えられ、それに基づき義満の行動が解釈される傾向があった。しかし、近年の研究では、それは手段に過ぎないととらえる傾向にある。その典型として日本国王号をめぐる研究史があげられる。かつて佐藤進一氏は天皇も超えた義満の権力を「日本国王」と名付けたが、「日本国王」の呼称が国内で使用された形跡はないことを根拠に、日本国王号が明との朝貢貿易を行うための手段であったと批判されたことは周知の通りである（村井「易姓革命の思想と天皇制」、橋本「室町幕府外交の成立と中世王権」）。最近、義満が太上天皇号《だいじょうてんのう》を求めたことを明らかにした小川剛生氏も、その理由を日本国王号に代わる日明貿易上の肩書きを求めているから、称号手段論的な立場といえるだろう（小川『足利義満』）。応永一〇年（一四〇三）に義満が明から通交の「日本国王」印と冠服を下賜されたが、与えられた常服《じょうふく》が朝鮮国王の衮龍《こんりょう》服より下位の麒麟《きりん》服だった可能性が指摘されており（河上「服飾から見た足利義満の冊封に関する小論」）、この点も踏まえると義満は「日本国王」号の中身にはあまり関心がなかったように見えるのである。

称号と人物の関係を考える上で、称号の現実的な意味も押さえておく必要がある。日本国王号を巡る研究史ではこの点がしっかりと押さえられていたわけだが、天皇位についてもこの点を確認しておこう。

後円融天皇の事例でも確認したように、天皇になることは祭祀・儀礼をつつがなく行うことを意味する。この点から見ても、義満や幕府にとって天皇になるメリットは少なかった。義満の関心の一つは延命にあったが、天皇に対して行われる後七日御修法や鎮魂祭などの祭祀に、義満は価値を見いだしていなかったからである。このことは北山第祭祀でそれらを採用しなかった事実や朝廷の作法を模倣するにしても、例えば義満は独自の反閉の作法を行っており、これらの事実は、彼が従来の祭祀・儀式に満足していなかったことを示している。そして天皇になれば、今度は五穀豊穣《ごこくほうじょう》を祈念する祈年祭や大嘗会を行わなければならないが、義満がこの点にまったく関心がなかったことは、先に見た居所と行動からも明らかである。ちなみに子の義持も朝廷の祭祀や儀礼に関心が生まれるのは、応永の飢饉と応永の外寇《がいこう》といった内憂外患が相次いだ応永末年であり、その初期は父同様、関心が薄かった（早島『室町幕府論』）。延暦寺の屈服と相国寺大塔の建立に象徴的に示される通り、義満にとって天皇や院の権力は超えるべき対象として意識はしても、そこで行われた祭祀・儀礼には興味がなく、権力の最終目的ではなかった。以上の点は義満について考えるにあたり、あらためて確認しておくべき事柄である。

とすれば、義満の構想のなかで、義嗣を朝廷社会へお披露目した意味はどのように考えるべきだろうか。この点に関して石原氏は義満には武家は義持、公家は義嗣に分掌させる構想があったと指摘している。首肯できる意見だが、次のコラムでも触れるように、義満の天下が朝廷だけでなく、白河上皇も手を焼いた延暦寺などの寺社にまで及んでいたことを踏まえると、問題を朝廷との関係だけに限定するのではなく、さらに視野を広げて議論を展開する必要がある。義満は、幕府や朝廷に南都北嶺を自身の天下におさめたことに加え、将来的に関東・東北、九州などの地域をいかに支配するかという問題も伏在していたからである。

この問題を考えるにあたり、応永元年以降に見られたベビーラッシュともいうべき現象に注目したい。先にふれた通り義持が生まれたのは義満二九歳のときであったが、その後、記録上、子供の出生は一旦とだえてしまう。しかし、三七歳になった応永元年には義嗣、さらにのちに六代将軍となる義教《よしのり》が生まれるなど、北山第は一種のベビーラッシュに見舞われており、ここから後継者について義満の心境の変化がうかがえるのではないだろうか。

もちろん、ベビーラッシュの背景には南北朝動乱に終止符を打った安堵もあったはずである。小川剛生氏の義満の行動に関する調査を参考にすると、応永五年（一三九八）二月二五日には義満は中山親雅《ちかまさ》邸で女性を召して乱痴《らんち》気《き》騒ぎを行ったといい、女性への関心が高まっていた。そして遊興と祭祀の北山第では応永七年に二条為右《ためすけ》が義満の仕女に密通し、処刑される事件も起こるなど（吉田家日次記）、南北朝合一などを成し遂げた反動で風紀が弛緩していたのも確かだからである。

しかし青海波の上演形態からもわかるように、義満の愛童趣味も依然として継続しており、風紀の弛緩や欲望の観点からだけでは多産の説明がしにくい。明徳四年の後円融天皇の早世に接して寿命を意識した翌年に、二人の男子が生まれた事実などからは、やはり後継者の育成に対する意識の変化を読み取るべきではないだろうか。このように考えると、北山第における享楽の背後に、自身が再興した天下をいかに継承させるかを考えはじめた義満の姿が見えてくるのである。そのために後継者は多いほどよかった。

戦乱を終息させ、延暦寺などの権門寺社を懐柔し、屈服させる。それだけでなく朝廷儀礼にも精通し、仏教経典にも詳しく仏事もつとめることができる――。これらの活動は義満個人の才能に多くを依存していた。その意味で彼の後継者は、義満と同等の才能を求められたが、それはきわめて困難だったようだ。このことは青蓮院を継承できなかった尊満《たかみつ》や、笙の習得に手間取った義嗣《よしつぐ》の事例が何よりもよく示している。だとすれば、子息たちに天下を分掌させるしか方法がない。天皇家を庇護しつつ、幕府、朝廷、寺社といった権門それぞれに自分の子息を入れて、統治させる。これが天下を統一した後に義満が想定せざるを得なかった新しい国家構想だったのではないだろうか。寿命への意識は、同時に天下をいかに継承するかという意識につながり、その一つの結論が北山第におけるベビーラッシュというかたちで現れたと考えられるのである。

その行く末を見届けるためにも長寿は不可欠だったが、それは叶わなかった。国家財政規模の資金を自身の延命に投じて、父より一三年ながい齢を得たわけだが、それが投下した資材に見合っていたかはわからない。北山第へ向かう一本道に植えられていた桜が、義満の観た最後の桜だった。

その後の室町幕府

義満の死から八年後の応永二三年（一四一六）一〇月三〇日、足利義嗣は突然、髻《まげ》を切り、高尾に蟄居した。この突然の出家は、さまざまな憶測を呼び、義持《よしもち》の政権を打倒するために、鎌倉府と共謀しているのではないかという噂も出るほどだった。その後、彼は相国寺の林光院に蟄居させられ、最終的に義持の密命により、二年後の応永二五年正月二四日に殺害される。権門を子息に分掌させて天下国家を維持しようという義満の構想も、ここにあっけなく破綻したのである。

義嗣蟄居の際、義満存命期には問題にならなかった鎌倉府との関係が、取り沙汰されていたことも見逃せない。鎌倉府との関係が安定して維持できたのも、義満がいたからこそということになり、以後の室町幕府は、鎌倉府との関係も含めて、一人の人間がこの時期の国家の諸問題の全てを抱える葛藤の歴史だったといってよい。

義嗣を誅した義持の時代は、晩年に大飢饉と応永の外寇という対外問題に見舞われ、この内憂外患を前に、彼は朝廷・寺社の儀礼や祭祀を国家的に位置づけることで対処しようとした。続く義教は、一転、中央集権的な国家構想を抱き、延暦寺を焼き、鎌倉府も支配下におくなど中央集権的な国家の構築をめざしたが、その反動で暗殺されてしまう。

　足利義政《よしまさ》もまた、暗殺はされなかったものの悲劇的な存在だった。この点を水無瀬《みなせ》神社文書に足利義政が奉納した願文から見ておこう。水無瀬神社は承久《じょうきゅう》の乱で敗北した後鳥羽上皇の霊をまつるためにもうけられた神社であり、有り体にいえば、後鳥羽院の怨霊を鎮めるための施設である。長禄四年（一四六〇）一二月二日、二五歳だった義政はその神前に願文《がんもん》を奉納したわけだが、きっかけは同社の鳴動だった。鳴動は後鳥羽院の霊の怒りの現れであり、その原因は為政者の不徳が原因と考えられていた。それを謝すために義政は願文を捧げたのである。

　願文に記された肩書きは「征夷大将軍従一位行左大臣兼右近衛大将源朝臣義政」と実に振るっている。外敵を成敗し、かつ天皇のそばで洛中の警護もつかさどる。それだけでなく左大臣として、朝廷儀礼についても差配するというのが、この羅列された官職の意である。実現できれば、まさしく超人というべきであるが、本来ならば後鳥羽の末裔である天皇が奉納すべきこの願文も義政が捧げなければならなかった事実から、天皇家の執政能力の低下を背景に、天皇家が果たすべき役割までも義政は務めなければならなかった。このように公武の政務全般を担わなければならない重圧は、青年将軍には耐えがたいものだっただろう。そして彼は後継者問題にも苦労し、それが原因で応仁の乱が勃発したことは周知の通りである。義満の天下を統一して立ち現れたのは、膨大な公武の政務を一人で担わなければならない現実であり、義満以後の室町幕府政治の展開は、足利家当主たちがになうことを期待された理想の超人像との葛藤の歴史だったともいえるのである。

コラム

天下の高さと天下の広さ

ここまでに見たように、義満は相国寺大塔の高さに固執しており、黄金趣味とあわせて、それは自身の権力を誇示する意味を持っていたわけだが、実際問題として天下の広がりはどのようなものだったのだろうか。義満が移動した範囲は、東は富士山が見える駿河国、西は厳島神社の安芸国、北は気比宮のある越前国、南は熊野速玉社の紀伊国とこれだけを見ると、のちに室町殿御分国といわれる管轄地域と近く、ここから義満の支配範囲を限定的に見るむきもあるかもしれない。

しかし、そもそも天下の考え方が異なることに注意しなければならない。中世において天下の語がもっとも用いられるのは、織豊期の天下布武や天下統一的な文脈ではなく、天下祈祷という表現がおそらくもっとも多い。この用法の相違はそのまま天下観にも通じており、中世における天下とは、京都を中心とする寺社において、安全を祈祷する対象だった。つまり中央にいながらにして、天下の隅々まで支配するというのが、少なくとも中世における天下支配の理念だったのである。従って、義満はわざわざ支配地を隅々までめぐる必要はない。中近世移行期の研究では一六世紀段階の天下の範囲が京都とその周辺を指すとして、その支配領域の狭さを指摘するものがあるが、中世を通じてそうだったわけだから、これは別段、強調するような事柄でもない。要は中世と近世の天下観の違いなのであり、前者の政治において専念すべきは都で天下を想念するのに必要な高さを確保することだったのである。

そしてだからといって義満は赴かなかった地域支配を放棄したわけでもなかった。黒嶋敏氏などの研究からこのあたりの事情を概観すると（黒嶋『中世の権力と列島』）、まず周知の通り九州探題として活躍した今川了俊《りょうしゅん》は、九州支配を進めたことや後に触れる対明外交を進める兼ね合いなどから応永二年（一三九五）にその任を解かれている。東の鎌倉府の公方足利氏満《うじみつ》と幕府はこの時期、協調的関係にあったが、この状況を背景に、明徳二年（一三九一）に従来、奥州管領が管轄していた奥羽が鎌倉府の下に移管されており、その要因としては、中央で義満を支えた斯波義将から細川頼元に交代するという政治状況の変化が指摘されている。それと同時に義満は、奥州の国人たちとの関係を個別的に結んで、奥州管領の権限を相対化し、外堀も埋めていたという。地方支配は、直接、制圧するのではなく、人脈を通じて操作するというのが、少なくとも義満の基本方針であり、中世的なあり方とも合致していたのである。そして近世化の過程で、天下は高さから広さへと変質するわけだが、この問題については別の機会に論じることになるだろう。

コラム

幻の大塔のかけら

ついに足利義満の時代に建てられた大塔の物証と思われるものが金閣寺境内から発見された。応永六年（一三九九）に落成した相国寺七重大塔が、それから四年後に雷火で失われた後に、当時、義満がいた北山第（金閣）に北山大塔として再建されたが、その遺物である。京都市埋蔵文化財研究所の報告をもとに、まず概略から記そう。

金閣寺境内の東側、現在、観光バスなどの駐車場となっている一角で二〇一五年に発掘が進められた際、室町時代の溝で金属の破片三点が発掘された。破片は最大のもので横幅三七・四センチ、高さ二四・六センチ、厚さ約一・五センチ、重さは約八・二キロの青銅製。塔の屋上から突き出た相輪の破片とみられ、一部に金メッキが施されている。注目すべきは相輪の大きさであり、直径約二・四メートルになる大型のものと推定されるという。現存する東寺の五重塔の相輪が一・六メートルであることを踏まえると、今回発掘された相輪を載せた建造物は、五五メートルの高さの東寺の塔以上の大型の建造物のものだったことになる。金閣寺境内でそれに該当する建造物と見られるのが北山大塔であることから、今回の発表に至ったわけである。

この金属片の位置付けについては、今後の議論もまつ必要があるが、ここでは一旦、これが大塔の一部であるとの前提で論を進めておこう。相輪の大きさの比較から単純計算して、北山大塔の高さは、東寺の塔の一・五倍の約八二・五メートルになる。これは白河法皇の建てた約八一メートルの高さを誇った法勝寺九重塔をやや上回る高さであり、この点だけを見ても、義満の作った大塔が、法勝寺の塔をこえることを意識していたのは確かである。さらにこの概算は、相輪の規模と塔の高さが比例するとの仮定にもとづくが、当然ながら、木造建築の屋根に乗せるものである以上、塔の中心の柱の上に乗せたといっても、重量には自ずと限界があっただろう。今回の金属片が相輪の一〇分一程度だとしても相輪一つの重量は八二キロとなり、それが九つあるわけだから、合計して七三八キロと見積もることができるが、ある程度の大きさまでいけば、規模も頭打ちになることは想像に難くない。そもそもこのような重さの装飾物をいかにして塔の上まで運んだのかと、空想の翼は休むことを知らないが、それはさておくとして、北山大塔は小さく見積もっても、既に法勝寺の塔を越えていたと考えられるのである。

北山大塔の相輪
（公財）京都市埋蔵文化財研究所所蔵

　このように、大塔の規模を保証した意味でも、今回の発掘成果の重要性は明らかだが、この大塔の高さについては、懐疑的な意見が多かったのもまた事実である。しかし同じ残されていないといっても、白河法皇が建立した法勝寺八角九重塔については、事情は全くの正反対で、特に疑問はさしはさまれていない。なぜだろうか。

　理由は大きく二つある。一つは、法勝寺の九重塔については、基壇跡などの遺構が発見されており、土台の大きさから、かつてその上に存在していた建物およびその規模について推測が可能だからである。一方、相国寺大塔や北山大塔は、いずれも基壇跡は確定しておらず、存在を語るには文字通り足許がおぼつかない。相国寺大塔については、「上塔之段町」という地名は残されるものの早くから宅地化していたこともあって、今後の発掘成果の見込みも薄いのである。

もう一つは、白河院が絶大な権力者だったという認識が早くから研究者のあいだで共有されていたからである。院政のもとで、既存の枠組みを越え、時に公私混同気味に知行国や荘園を集積した強大な権力者が高い塔を建てるのはいかにも似つかわしい。一方、室町幕府といえば、弱体な権力という理解が主流だったから、そのような権力が法勝寺の塔以上のたかさのものを建てるなど、到底、考えられなかったのである。

以上のことなどが原因で、相国寺大塔や北山大塔は、史料上確認されるものの、注目されることはあまりなかった。相国寺大塔に注目して、一九六七年に『足利義満』（三彩社）を著した吉村貞司氏は、その時点で既に「学界では疑惑を抱くものもあるが」と記していたから、大塔への懐疑が古くから根強かったことがわかる。

もっとも大塔の存在については注目されることが全くなかったわけではない。花田清輝氏は晩年にエッセイ集『日本のルネッサンス人』（朝日新聞社、一九七四年）で相国寺大塔の存在に注目している（内田孝氏のご教示）。そこでは洛中洛外図屛風のパースペクティヴについて言及されているから、同屛風に関する美術史研究の成果に触発されて執筆に至ったのだろう。しかしこのように一部では注目されつつも、塔の存在は周知には至らず、人々の意識から消えていったのである。まさしく幻の大塔だったといってよい。

大塔が幻だったのには、学問的裏付けが十分でなかったことも大きい。右の記述からも明らかなように大塔に注目していたのは、文化史や美術史研究が主であり、歴史学からの言及はほとんどなかった。大塔や義満の権力というものを、歴史研究の側が十分に位置づけられなかったからである。

とはいうものの、歴史学の立場からすれば、これは確かに難題だった。そもそも中世という分権的性格の強い社会に誕生した義満という強大な権力を説明する言葉が歴史学に不足していた。また本書でも指摘したように、彼は白河院の権力を越えることを明らかに意識していたが、院政という概念が、既存の制度を超越した強大な権力を指すものである以上、その院政を越えた権力を、明瞭かつ普遍的に説明できる概念は、おそらく存在しないのではないだろうか。私もこの卓越した義満の権力を、先行研究にならい、彼の居所にちなんで北山殿権力と呼称するのが関の山である。

しかし、概念化の問題はさておくとしても、本書でも述べてきたように、黄金の仏閣を建て、巨大な塔を建てた権力は、まずは強大であるという事実の認識から議論を進めなければならない。本書でも指摘したように、延暦寺も屈服させた義満の姿は、彼の権力が白河院を越えた強大なものであったことを何よりもよく示しており、事実の確定から着実に研究は進められてきたのである。

このように室町時代史研究が少しずつ深化していくなかで、室町幕府という権力体に関する認識がある程度共有され、足利義満の時代に、中世で最も高い大塔が建造されたという事実に対する違和感は薄らいできた。このようななか、京都市埋蔵文化財研究所の発掘調査を通じて、はじめて大塔のかけらと考えられる遺物が姿をあらわしてくれたのである。発掘担当者の一人は、北山大塔の基壇跡などについて先頭に立って研究を進めてきた東洋一氏である。氏の執念のなせる業といえるかもしれない。

歴史とは、人や物事が失われる過程であり、歴史学とはその失われたものを残された事実をもとに復原する試みである。今回発掘された金属のかけらが、大塔の一部であるならば、小さいながらもこれは幻の大塔の存在を、はっきりとしたかたちで証明してくれるものであり、ひいては、いまから六〇〇年ほどまえの列島社会がどのようなものだったかを、確かな手触りをもって教えてくれる物証である。考古学と文献史学の研究成果があわさって、大塔は幻というヴェールから解き放たれ、室町時代史研究はここに、また一歩、歩を進めたわけである。

黒い金閣　エピローグ

最後に義満死去後の北山第について触れておこう。

義満の急逝後、あとをついだ義持は北山第で政務をとらず、この時正室であった日野康子《やすこ》が住むばかりだった。しかし康子の没後には、北山第の寝殿や二階建の建物は壊され、庭石の一部が乱雑に放置されたままだったという。この庭石に目を付けたのが義持のあとに将軍となった義教であり、彼は邸宅の作庭を行うにあたり、北山第に放置された石を再利用したいと幕閣にはかった。当時の管領斯波義淳《よしあつ》はこれに同意し、また義満に目をかけられたのを契機に、義持、義教の政治顧問としても活躍した醍醐寺三宝院の僧満済《まんさい》は次のように答えている。

「一般に父祖が大事にされた場所は、木や石も含めて荒らしてはならないと昔から申しております。ですが、仰せの通り、ただ放置されている石については問題がないと存じます」

原則論に言及しつつも新将軍の意向にあわせた解答を行うあたりが、この人らしいが、かくして義満が北御所で展開した理想の空間は、金閣と前の池を残すばかりになった。その義教が嘉吉《かきつ》の乱（一四四一）で暗殺された後、後継将軍義政がいまだ幼少で幕政が混乱するなか、将軍御所の池に蛇が出ることが話題になり、その際に金閣の前の池にも蛇が出ていたことも噂された（『康富記』文安五年五月一七日条）。住人の居ない邸宅には蛇が出る。蛇の出現は主がいない建物の象徴であり、金閣にも人気はまばらだったようだ。さらにその後、応仁の乱で仁和寺などが焼亡するなかで金閣は奇跡的に焼失を逃れたが（『宣胤卿記』文明一二年二月二四日条）、文書や記録に現れることは極端に減少する。人が住まなかったのだから当然といえば当然である。

かわりに一六世紀以降、作成されはじめる「洛中洛外図屏風」では、金閣は定番の画題としてあらわれ、文字史料よりもはるかに鮮明に当時の姿を教えてくれる。しかしそこでは金閣は意外な姿で描かれる。戦国時代の洛中洛外図ではこの建物は金色に描かれていたにもかかわらず、江戸時代の屏風では黒い建物として描写されるのである。黒い金閣は複数の江戸時代の屏風に見られるから、この時期の金閣を写実的に描いたものと考えられ、金閣はその通称の由来を失っていた。現在のわびた姿の仏像も彩色や金箔がはがれて現在の状態になったことを踏まえれば、金閣も同じ過程で、黒変したのだと想像する。

黒い金閣「諸国各所図手鑑」　国立歴史民俗博物館所蔵

また「洛中洛外図屏風」では、屋根の上の鳳凰《ほうおう》と前の池とともに、金閣を観におとづれた人々もセットで描かれることが多いことも注目できる。そこでは緋毛氈《ひもうせん》をひいて花を見る人々のほかに、建物にあがる少々不埒な姿も描かれている。金閣にあがる行為はさておき、義満が金閣も含む北山第で遊興の限りを尽くしたことを想起すれば、彼の遺志をもっともよく継承したのは花見を楽しんだ一般の人々だったのではないか。黒い金閣を前に、彼らはつかの間の遊興に時を忘れ、おそらくその歴史も語り継いだに相違ない。ここまでに触れたように、金色に装飾された建物は、義満の権力を端的に示すものだった。しかし金箔が剥がれ落ちた金閣は人々の遊興の場へと変質しており、このことはこの建物が権力者のものから、人々のものへと変貌したことを象徴しているのである。

【参考文献】

東　洋一「西園寺四十五尺瀑布瀧と北山七重大塔（上）」『京都市埋蔵文化財研究所研究紀要』七、二〇〇一年
天野文雄「小林成立の背景」『世阿弥がいた場所』ぺりかん社、二〇〇七年
家永遵嗣「足利義満・義持と崇賢門院」『歴史学研究』八五二、二〇〇九年
泉　万里『光をまとう中世絵画』角川書店、二〇〇七年
今谷　明『室町の王権』中央公論新社、一九九〇年
石原比伊呂『室町時代の将軍家と天皇家』勉誠出版、二〇一五年
同　「北山殿行事再考」『年報中世史研究』三七、二〇一二年
伊藤俊一「相国寺の造営と造営役」『室町期荘園制の研究』塙書房、二〇一〇年
稲葉伸道「南北朝時代の興福寺と国家」『名古屋大学文学部研究論集』史学四四、一九九八年
臼井信義『足利義満』（人物叢書）吉川弘文館、一九六〇年
恵良　宏「足利義満と神宮」『瑞垣』一七三号、一九九六年
大木　康『「史記」と「漢書」』岩波書店、二〇〇八年
大田壮一郎「室町幕府の追善仏事に関する一考察」『室町幕府の政治と宗教』塙書房、二〇〇四、初出は二〇〇二年
小川剛生『足利義満期の室町幕府権力における政治・文化の相互補完的関係の研究』科研報告書、二〇〇八年
同　『足利義満』中央公論新社、二〇一二年
河上繁樹「服飾から見た足利義満の冊封に関する小論」『人文論究』六二-四、二〇一三年
黒嶋　敏『中世の権力と列島』高志書院、二〇一二年
小原嘉記「木津荘の負田・公事・名」水野章二編『中世村落の景観と環境』思文閣出版、二〇〇四年
佐藤健治「葬送と追善仏事にみる摂関家行事の成立」『中世権門の成立と家政』吉川弘文館、二〇〇〇年、初出は一九九四年
桜井英治『室町人の精神』講談社、二〇〇一年

佐藤進一「室町幕府論」『日本中世史論集』岩波書店、一九九〇年、初出は一九六三年
下坂　守「中世門跡寺院の歴史的機能」一九九九年
同　「延暦寺大衆と日吉小五月会（その二）」『中世寺院社会の研究』思文閣史学叢書、二〇〇一年
冨島義幸「等持寺仏殿と相国寺八講堂」『仏教芸術』二七三、二〇〇四年
西山　剛「輿を舁く八瀬童子」『八瀬童子』（博物館図録）、京都文化博物館、二〇一二年
橋本　雄「室町幕府外交の成立と中世王権」『歴史評論』五八三号、一九九八年
同　『なぜ、足利将軍家は中華皇帝に「朝貢」したのか』NHK出版、二〇一三年
早島大祐『室町幕府論』講談社選書メチエ、講談社、二〇一〇年
細川武稔「『北山新都心』に関するノート」『東京大学日本史学研究室紀要別冊』二〇一三年
松岡心平「室町将軍と傾城高橋殿」松岡心平編『看聞日記と中世文化』森話社、二〇〇九年
松岡久人『大内義弘』戎光祥堂出版、二〇一三年（初版は一九六六年）
松園潤一朗「東寺領山城国植松荘の伝領と相論」『地方史研究』、二〇一一年
三枝暁子「室町幕府の成立と祇園社領主権」『比叡山と室町幕府』東京大学出版会、二〇一一年、初出は二〇〇一年
三島暁子「御賀の故実継承と『青海波』小輪について」田島公編『禁裏・公家文庫研究』第三輪、思文閣出版、二〇〇九年
三田村雅子「足利義満の青海波」『物語研究』一号、二〇〇一年
村井章介「易姓革命の思想と天皇制」『中世国家と在如社会』校倉書房、二〇〇五年、初版一九八九年
森　茂暁『満済』（ミネルヴァ日本評伝選）ミネルヴァ書房、二〇〇四年
安田次郎「大和国の支配」『中世の興福寺と大和』山川出版社、二〇〇一年（原題は「春日の流鏑馬」初出は二〇〇〇年）
安末拓世「熊野速玉大社の古神主関連資料に見る神仏習合」（川崎剛志編『修験道の室町文化』岩田書院、二〇一一年）
山田雄司「初期足利政権と北野社」山本隆志編『日本中世政治文化論の射程』思文閣出版二〇一二年
山田　徹「室町幕府所務沙汰とその変質」『法制史研究』五七、二〇〇七年

足利義満略年表

年号表記	西暦	年齢	事項
延文　三	一三五八	一	四・三〇、祖父尊氏薨ず（五四歳）。八・二二、義満、誕生。生母紀良子。一二月八日、父義詮、征夷大将軍。一二・一二、後円融天皇誕生。
康安　元	一三六一	四	一二・八、南朝入京、義詮近江に逃亡。建仁寺大龍庵の蘭州義芳の許に逃れ、播州白旗城にかくまわれる。
貞治　五	一三六六	九	一二・七、名字を義満と賜り、従五位下に叙す。
応安　元	一三六八	一一	一二・三〇、征夷大将軍に任ずる。この年、明建国。
永和　三	一三七七	二〇	一・一二、夫人日野業子女児を産むも亡くす。六・二六、後小松天皇誕生。
永和　四	一三七八	二一	三・一〇、室町新第に渡る。三・二四、権大納言に任ず。一二・七、義詮忌、等持院に臨む（毎年の儀）。一二・一三、従二位に叙す。
康暦　元	一三七九	二二	一・七、白馬節会。閏四・一四、康暦の政変で細川頼之失脚、下国する。
康暦　二	一三八〇	二三	一・五、従五位に叙す。
永徳　元	一三八一	二四	六・二六、内大臣に任ずる。この年尊満生まれる（生母加賀局）。
永徳　二	一三八二	二五	一・二六、左大臣に任ずる。一〇・二九、相国寺を建てる。法堂立柱。一一・二、室町第に御幸を迎える。
永徳　三	一三八三	二六	一・一四、源氏長者となり、次いで奨学院・淳和院別当となる。
至徳　元	一三八四	二七	三・一〇、右大将を辞す。
明徳　元	一三九〇	三三	閏三・六、土岐康行の乱。四・二一、尊氏の三十三回忌仏事を相国寺に修す。

明徳　二	一三九一	三四	四・一四、相国寺法堂供養。一二・三〇、明徳の乱。
明徳　三	一三九二	三五	三・二、細川頼之、卒す（六四歳）。八・二八、相国寺落度法要。閏一〇・二五、南北朝講和。一一・三、相国寺大塔造営が計画される。一二、内野に法華万部経会を修す。
明徳　四	一三九三	三六	四・二六、後円融上皇崩ず（三六歳）。九・一八、伊勢参宮。
応永　元	一三九四	三七	六・一三、義教生まれる（生母藤原慶子）。九・一一、日吉社参詣。九・二四、相国寺焼失。一二・一七、征夷大将軍を辞す。
応永　二	一三九五	三八	四・七、義詮忌。相国寺に法華八講を修す。六・二〇出家する。九・一六、東大寺で受戒。一二、この頃法名道有を道義と改める。
応永　三	一三九六	三九	七・七、密かに丹波光厳院に参ず。一二・三〇、法尊生まれる。
応永　五	一三九八	四一	六・二五、鹿苑院三重塔供養。義母幸子七回忌。
応永　六	一三九九	四二	三・一一、興福寺金堂供養に臨む。九・一五、相国寺大塔供養。一一・八、応永の乱。
応永　九	一四〇二	四五	八・三、遣明使祖阿帰る。兵庫にその船を観る。九・五、明の使僧を北山第に引見する。
応永一一	一四〇四	四七	四・三、大塔を北山に建てようと、立柱の儀を行う。
応永一二	一四〇五	四八	七・一一、正室日野業子薨ず（五五〈四カ〉歳従一位に叙す）。
応永一五	一四〇八	五一	三・八、北山第行幸。｜二八、還幸。五・六北山第に薨ず。

著者略歴

一九七一年　京都府に生まれる
二〇〇一年　京都大学大学院文学研究科博士課程単位取得退学
二〇〇二年　京都大学博士（文学）
現在　京都女子大学准教授

〔主要編著書〕
『室町幕府論』（講談社選書メチエ、二〇一〇年）
『足軽の誕生』（朝日新聞出版、二〇一二年）
『西山地蔵院文書』（編著、京都大学史料叢書、思文閣出版、二〇一五年）

人をあるく

人をあるく
足利義満と京都

二〇一六年（平成二十八）十一月一日　第一刷発行

著者　早島《はやしま》大祐《だいすけ》
発行者　吉川道郎
発行所　株式会社吉川弘文館

郵便番号一一三―〇〇三三
東京都文京区本郷七丁目二番八号
電話〇三―三八一三―九一五一〈代表〉
振替口座〇〇一〇〇―五―二四四

組版　有限会社ハッシィ
印刷　藤原印刷株式会社
製本　ナショナル製本協同組合
装幀　有限会社ハッシィ

ISBN978-4-642-06793-5